中国主要粮食作物供应链损失和浪费特征及其减损潜力研究

高利伟◎著

中国农业科学技术出版社

图书在版编目（CIP）数据

中国主要粮食作物供应链损失和浪费特征及其减损潜力研究／高利伟著．--北京：中国农业科学技术出版社，2021.8

ISBN 978-7-5116-5437-3

Ⅰ.①中… Ⅱ.①高… Ⅲ.①粮食作物-供应链管理-研究-中国 Ⅳ.①F326.11

中国版本图书馆 CIP 数据核字（2021）第 150162 号

责任编辑　穆玉红
责任校对　贾海霞
责任印制　姜义伟　王思文

出 版 者	中国农业科学技术出版社 北京市中关村南大街 12 号　邮编：100081
电　　话	（010）82106626（编辑室）　（010）82109702（发行部） （010）82109709（读者服务部）
传　　真	（010）82106626
网　　址	http://www.castp.cn
经 销 者	各地新华书店
印 刷 者	北京建宏印刷有限公司
开　　本	170 mm×240 mm　1/16
印　　张	7.5
字　　数	220 千字
版　　次	2021 年 8 月第 1 版　2021 年 8 月第 1 次印刷
定　　价	45.00 元

▎版权所有·翻印必究▎

前 言

如何保障粮食安全一直是全球各国面临的共同挑战。中国作为农业生产和消费大国,保障粮食安全的形势尤其严峻,来自人口的刚性增长、农业资源瓶颈约束趋紧以及全球变化加剧等因素正在持续对中国粮食安全保障工作提出新的挑战。因此,确保粮食安全仍将是未来中国农业可持续发展面临的首要任务。

长期以来,中国将保障粮食安全的重点放在生产领域,通过不断提高粮食产量来保障粮食的有效供给,而忽略了食物供应链上的其他环节,导致食物损失和浪费问题趋于严重,这无疑损害了中国粮食产量提升的成果,加剧中国食物的不安全程度。通过减少供应链上的损失和浪费来保障粮食安全形势日益迫切,亟待加强。但是中国供应链中食物损失和浪费状况如何,至今仍尚未形成系统认识,无法采取有效措施开展减损工作。

本书基于物质流理论,重点围绕小麦、玉米和水稻三大粮食作物产后端构建了中国主要粮食作物产后流动足迹模型,阐明了中国主要粮食作物产后损失特征及历史变化趋势,揭示了中国主要粮食作物产后环节减损潜力;围绕消费端重点分析了餐饮业食物浪费特征,揭示了我国减损政策对餐饮业食物浪费特征的影响;通过构建中国供应链主要粮食作物流动足迹模型,分析了2010年中国主要粮食作物供应链损失和浪费特征,揭示了中国主要粮食作物供应链减损潜力,最终提出了减少中国主要粮食作物供应链损失的政策建议。

本书建立了一套作物产后损失的量化计算方法,重点分析了2010年我国三大粮食作物产后损失特征及其减损潜力。结果显示,我国三大作物产后损失率较高,分别为6.9%、7.8%和9.0%,平均损失率7.9%,高于发达国家作物产后损失水平。总损失中储藏环节损失最高,损失占比达到40.3%,然后是收获环节,为31.4%,运输和干燥环节损失较小,分别为

11.1%和17.2%。农户层面作物储藏和收获环节是作物产后减损的重点。结果显示,通过改进产后不同环节技术条件,可以有效减少作物产后损失,最优情景下,三大粮食作物产后损失均可以降低到4%以下。由此可见,我国粮食作物产后减损存在较大潜力,减损重点应落在农户储粮环节和作物收获环节。作物产后减损需要国家农业科技政策作保障,通过提升农户科学储粮意识以及提高作物机械收获水平和改进作物收获质量等综合措施,最终实现我国粮食作物产后损失的降低。

研究基于拉萨市历年餐饮食物消费调研数据(2011年、2013年和2015年),对比分析了政策出台前后拉萨市餐饮食物浪费特征变化,揭示了政策因素对拉萨市餐饮业食物浪费的干预效果及影响机制。研究结果显示,政策因素在很大程度上遏制了餐饮食物浪费,干预效果明显。与政策出台前相比(2011年),除蛋类以外,2013年和2015年拉萨市餐饮食物浪费总量、动物食品浪费总量以及植物食品浪费总量均显著下降($P<0.05$)。其中,拉萨市2015年餐饮浪费在较2013年食物浪费总量和植物食品浪费总量均表现出显著差异,动物食品浪费总量未表现出显著差异,但是仍呈现出下降趋势。不同规模餐饮业食物浪费结果显示,政策对餐饮食物浪费的干预效果主要表现在大、中型餐馆。尤其是大型餐馆,食物浪费总量、动物食品浪费总量以及植物食品浪费总量均显著下降。小型餐馆干预效果不明显。可见大、中型餐馆减少食物浪费潜力较大,未来应该加强大、中型餐馆食物浪费研究,探索影响食物浪费的因素,引导我国城镇餐饮业实现可持续发展。

本研究建立了一套食物流动足迹的核算方法,重点对比分析了食品链足迹、饲料链足迹、工业产品链足迹、种用链足迹以及损失足迹5种足迹特征。结果显示,食品链足迹和饲料链足迹所占比重较高,二者之和所占足迹占到总足迹(三种粮食作物均值)的77.6%~80.3%。然后是总损失足迹,谷物平均损失足迹为15.3%,工业产品链和种用链中足迹占比最小。食物损失足迹主要分布在作物产后环节和食品链环节,三种作物产后损失率分别为6.8%、8.9%和10.2%,分别占到总损失率的56.1%、50.8%和68.6%,2010年三种作物损失数量总计达到4 324.6万吨,占到供应链总损失的58.1%。食品链环节损失率分别3.8%、8.0%和0.6%,分别占到总损失率的31.6%、45.9%和4.1%,2010年损失数量总计达到2 119.8万吨,占到供应链总损失的 28.5%。三种作物在供应链中的不同环节减损潜力差异较大。其中产后环节减损潜力最大,然后是食品链,减损潜力最小的为饲料链。最优情景下,三种作物总损失足迹较基准年减少 38.1%。产后综合情景下,三种作物产后损失足迹减少 37.6%;食品链综合情景下,三种作物损失足迹减少 35.9%;饲料链减损潜力最小。可见未来产后环节和食品链是开展供应链上减损工作的重点环节。

著 者

2021 年 2 月

目 录

第一章 绪 论 ………………………………………………… (1)
　一、研究背景 ………………………………………………… (1)
　二、问题提出 ………………………………………………… (5)
　三、研究意义 ………………………………………………… (7)
　四、食物损失和浪费研究综述 ……………………………… (9)
　五、研究方案 ………………………………………………… (21)

第二章 中国主要粮食作物产后损失特征及减损潜力分析 … (25)
　一、前言 ……………………………………………………… (25)
　二、研究方法 ………………………………………………… (26)
　三、结果与分析 ……………………………………………… (30)
　四、讨论 ……………………………………………………… (35)
　五、结论与展望 ……………………………………………… (37)

第三章 中国消费端食物浪费特征及减损潜力研究 ………… (38)
　一、前言 ……………………………………………………… (38)
　二、资料与方法 ……………………………………………… (39)
　三、结果与分析 ……………………………………………… (41)
　四、讨论 ……………………………………………………… (44)
　五、结论 ……………………………………………………… (46)

第四章 中国主要粮食作物供应链损失特征及减损潜力 …… (47)
　一、前言 ……………………………………………………… (47)
　二、材料与方法 ……………………………………………… (48)
　三、结果与分析 ……………………………………………… (68)
　四、讨论 ……………………………………………………… (75)
　五、结论与展望 ……………………………………………… (77)

第五章　中国供应链主要粮食作物减损的政策建议 …………………（80）
　一、提高农户科学储粮意识，有效减少农户储粮损失，保障国家
　　　粮食安全 ……………………………………………………………（80）
　二、提高作物机械化作业收获质量，减少作物收获损失 ……………（81）
　三、重视农业科技政策在减少作物产后损失中的重要作用 …………（82）
　四、树立大食物安全观，加强供应链食物损失和浪费的立项 ………（83）
　五、加强食育教育，特别是针对青少年儿童节约食物的教育 ………（84）
　六、建立健全的市场食品消费约束机制 ………………………………（84）
参考文献 …………………………………………………………………（86）
附件一　1980—2015年中国三大粮食作物产后环节不同处理过程
　　　　分配比例 ……………………………………………………………（91）
附件二　三大粮食作物收获损失相关文献 ……………………………（92）
附件三　谷物储藏损失相关文献 ………………………………………（98）
附件四　农户层面储粮相关文献 ………………………………………（103）
附件五　大型粮库储粮相关文献 ………………………………………（106）

图目录

图 1-1　中国动植物产品产量历史变化（1980—2016 年）……………（1）
图 1-2　中国农业生产历年资源消耗（1980—2016 年）……………（2）
图 1-3　食物供应链不同环节中的损失和浪费……………………（7）
图 1-4　技术路线………………………………………………（23）
图 2-1　中国主要粮食作物产后环节损失途径……………………（27）
图 2-2　主要粮食作物不同收获方式谷物损失率…………………（31）
图 2-3　不同储藏方式谷物损失率…………………………………（32）
图 2-4　2010 年中国三大粮食作物不同环节产后损失……………（33）
图 2-5　我国三大粮食作物产后环节损失历史变化特征……………（34）
图 2-6　谷物产后环节不同减损情景………………………………（35）
图 3-1　拉萨市餐饮消费人均食物浪费特征（2011—2015 年）………（41）
图 3-2　拉萨市不同规模餐馆餐饮消费食物浪费特征（2011—2015 年）……………………………………………………（43）
图 4-1　主要粮食作物供应链流动足迹概念框架……………………（49）
图 4-2　2010 年我国主要粮食作物供应链食物足迹…………………（69）
图 4-3　2010 年中国主要粮食作物供应链食物损失率………………（70）
图 4-4　2010 年中国主要粮食作物供应链食物损失所占比重………（70）
图 4-5　2010 年中国主要粮食作物供应链食物足迹流动数量………（71）
图 4-6　2010 年中国主要粮食作物供应链食物损失足迹流动数量……（72）
图 4-7　主要粮食作物供应链主要指标变动 1.0% 对供应链损失足迹的影响百分比………………………………………………（73）

表目录

表1-1　不同食物浪费测度方法比较 ················ (14)
表2-1　2010年中国三大粮食作物产后环节不同处理过程分配比例 ····· (29)
表2-2　谷物产后环节减损情景设置 ················ (30)
表2-3　2010年中国三大粮食作物产后损失率 ············ (32)
表3-1　政策对餐饮食物浪费影响分析 ··············· (42)
表3-2　不同规模餐馆餐饮食物浪费影响分析 ············ (44)
表4-1　2010年主要粮食作物机械收获和人工收获比例 ········ (51)
表4-2　主要粮食作物收获损失率 ················· (51)
表4-3　作物田间收获到目的地运输过程中的损失率 ········· (52)
表4-4　玉米脱粒机脱粒损失率 ·················· (52)
表4-5　作物干燥损失率 ····················· (52)
表4-6　农户和大型仓储储粮比例 ················· (53)
表4-7　农户和大型仓储储粮损失比例 ··············· (53)
表4-8　粮食作物长距离运输损失率 ················ (53)
表4-9　作物用作食品、饲料、工业以及其他用途的比例 ······· (54)
表4-10　粮食作物初加工损失率 ·················· (54)
表4-11　小麦制粉级别及其出粉率 ················· (54)
表4-12　水稻出米级别所占比重及其出米率 ············· (55)
表4-13　玉米加工出粉率及副产物比重 ··············· (55)
表4-14　食品原料在运输和包装过程中的损失率 ··········· (55)
表4-15　食品原料流入不同渠道的比重 ··············· (56)
表4-16　食品原料流入市场和终端消费的损失率 ··········· (56)
表4-17　食品原料流入食品加工损失率以及所加工的产品在市场
　　　　中的损失率 ······················ (56)

· 1 ·

表 4-18	食品进入家庭和餐饮业所占比重	(57)
表 4-19	家庭食品储藏环节损失率	(57)
表 4-20	家庭烹饪环节中的损失率	(57)
表 4-21	家庭餐桌环节中的损失率	(58)
表 4-22	餐饮业中食物储藏过程中的损失率	(58)
表 4-23	餐饮业中食物烹饪环节中的损失率	(58)
表 4-24	餐饮业中餐桌食物损失率	(59)
表 4-25	饲料粮在加工、储藏以及运输过程中的损失率	(59)
表 4-26	食品原料加工过程中副产物作饲料在生产、储藏以及运输等过程中的损失率	(60)
表 4-27	食品工业加工过程中酒糟作饲料生产、储藏以及运输等过程中的损失率	(60)
表 4-28	食品工业加工过程中淀粉和其他工业产品副产物作饲料生产、储藏以及运输等过程中的损失率	(60)
表 4-29	作物加工过程中副产物做饲料粮比重	(61)
表 4-30	作物工业加工过程中主产品和副产品比重	(61)
表 4-31	作物工业加工过程中副产物做饲料和其他用途的比重	(62)
表 4-32	食品制造加工过程中损失食物循环作饲料的比例	(62)
表 4-33	餐饮业中损失食物做饲料的比重	(62)
表 4-34	工业加工中各种主产品损失比重	(63)
表 4-35	初级产品用于加工淀粉、酒精和乙醇及其他产品的比重	(63)
表 4-36	工业加工主产品流向食品链比重	(65)
表 4-37	工业加工主产品流向食品链中的损失率	(65)
表 4-38	作物用作种子用途的损失率	(66)
表 4-39	敏感性分析指标筛选及变化设置	(67)
表 4-40	主要粮食作物供应链减损情景设置	(68)
表 4-41	不同情景下主要粮食作物供应链减损潜力	(74)
表 4-42	全球不同地区谷物产后环节以及消费环节的损失	(76)
表 5-1	我国作物产后减损的政策列单	(83)

第一章 绪 论

一、研究背景

(一) 粮食安全问题仍是中国未来发展面临的重要挑战

粮食安全是国民经济发展和社会稳定的基石,确保粮食安全是各国政府和科研工作者长期面临的重大挑战。美国学者莱斯特布朗曾经"三问"中国的粮食安全问题(Brown,1994,1995和2011),担心中国不能养活自己。但是大量研究和事实表明,中国是可以养活自己的。作为世界上最大的农业国家,中国已成功地用占世界不足9%的耕地、6.5%的淡水资源贡献了占全世界1/4的粮食,养活了世界1/5的人口(韩俊,2010),尤其是肉、蛋、奶产量大幅度提高,多项指标已经超过世界平均水平(FAO,2016;国家统计局,2017),为保障世界的粮食安全做出了卓越贡献(图1-1)。

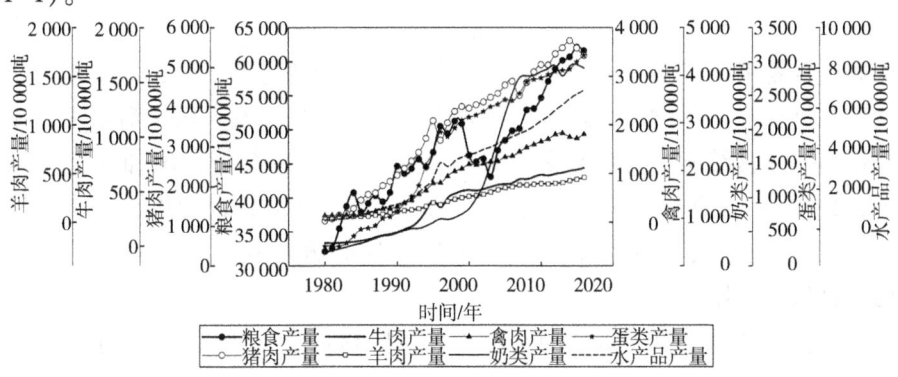

图 1-1 中国动植物产品产量历史变化(1980—2016年)

尽管如此,中国的粮食安全保障形势依然非常严峻,来自人口的刚性增长、农业资源瓶颈约束趋紧以及全球变化加剧等因素将不断对我国粮食安全保障工作提出新的挑战(图1-2),因此确保粮食安全仍将是未来中国农业可持续发展所需面临的首要任务。

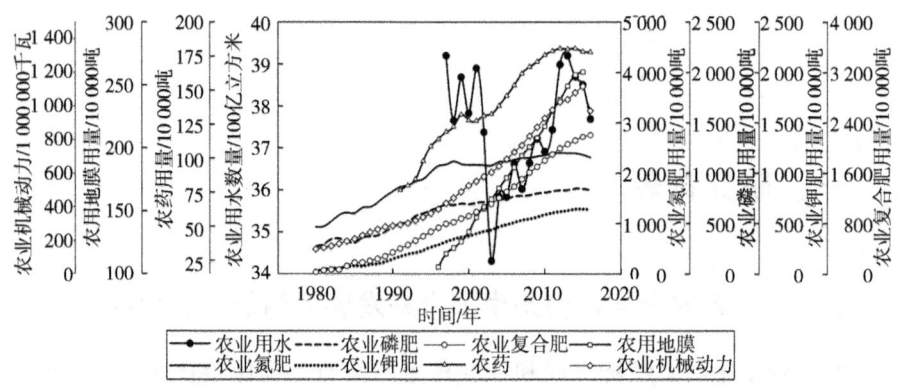

图1-2 中国农业生产历年资源消耗(1980—2016年)

(1)人口刚性增长对食物的需求强劲。资料显示,中国的人口仍在增长,仍还有近1亿食物获得不足的人口分布在中国的中西部农村地区(FAO,2016),未来中国食物的刚性需求仍然很大。在人口峰值来临之前,中国人口总量、城市化水平以及消费结构升级带来的粮食刚性需求仍将不可逆转。到2030年,预测结果显示中国人口将达到14.5亿,粮食需求将达到6.4亿吨(Brown,1994),城镇化水平将达到70%(UNDP,2013),人口增加驱动的食物需求量的增长仍不可忽视。此外,目前,中国居民食物消费已经进入结构转型时期,口粮消费有所下降,肉、蛋、奶消费数量正在逐年增加。随着居民收入的不断增加以及人民生活水平的不断提高,饮食结构中动物来源食品消费所占比重将会持续增加(周道玮等,2013),这意味着未来我国粮食供应,尤其是饲料粮的供应仍将持续增加(周道玮等,2013;Brown,2011),这必将对我国未来粮食生产布局和进口产生影响。

(2)农业水土资源短缺的刚性约束将持续收紧,对中国粮食生产的持续供应提出挑战。在水资源利用方面,目前中国农业用水量占比高达63%。未来中国农业水资源状况仍不容乐观,《全国水资源综合规划》预测结果显示，2030年，即使在强化节水方案条件下，干旱与半干旱地区农业缺水仍得不到缓解，缺水将达400亿立方米（山立等，2016）。此外，保障2020年全国10亿亩有效灌溉面积也仍需要大量的水资源（王浩等，2013）。在耕地利用方面，据国土资源部统计，1996—2010年，15年间全国耕地面积从19.50亿亩减至18.26亿亩。因水土流失、贫瘠化、次生盐渍化、酸化等原因导致退化的耕地面积占耕地总面积的40%以上。我国农业水、土资源短缺的严峻形势不容忽视。

（3）全球气候变化的加剧增加了中国粮食生产的不确定性。近年来，全球气候变化中，特别是全球变暖、极端气候事件频发、自然灾害和气象灾害的风险提高，正在持续对中国粮食生产产生不利的影响（Tigchelaar et al.，2018）。预测结果显示，受全球变化的影响，在保持居民消费水平持续增长的条件下，中国未来粮食生产有可能不能满足对粮食需求增长的要求，粮食供应可能存在7%~8%的缺口。尽管如此，由于考虑到全球气候变化中的各个因素都存在着很大的不确定性，再加上农业科技进步对粮食增产具有很大促进作用，因此未来中国粮食生产的不确定性将进一步增加，应对全球气候变化的农业发展综合策略及其关键技术亟须解决。

（二）食物损失和浪费问题正在成为全球乃至中国粮食安全的潜在威胁

尽管全球正在不断努力提升粮食产量，但是食物损失和浪费问题又给粮食安全保障带来了新的挑战。联合国粮农组织的数据显示，全球用于人类消费的食物中有1/3（大约13亿吨）在食物供应链中被损失和浪费掉（Godfray et al.，2010，Gustavsson et al.，2011），这无疑将损害全球粮食产量提升的成果，进一步加剧全球食物的不安全程度。根据联合国粮农组织数据，全球损失和浪费的食物可以养活全球1/8的人口（FAO et al.，2012），到2050年可以弥补全球50%~70%粮食需求（FAO，2009）。因此，减少整个供应链系统中的食物损失和浪费已经得到诸多国际组织以及众多国家政府机构的高度重视和认可，业已成为保障全球粮食安全、提高农民收入的"B计划"（Gustavsson et al.，2011；Kummu et al.，2012；Dou et al.，2016）。

中国作为世界上食物生产和消费大国之一，近年来在整个供应链中的食物损失和浪费问题开始不断显现。研究显示，全国粮食产量的近20%（Liu et al.，2013）（粮食产量按照6亿吨计算每年约1.2亿吨）在供应链条中被损失和浪费掉，这相当于每亩粮食产量损失近71千克（粮食播种面积按照11 300万公顷计算），尤其是在食物消费环节和作物产后环节尤为严重（成升魁等，2012；高利伟等，2016），近2/3的损失和浪费发生在以上两个环节中（Liu et al.，2013）。巨大的食物损失和浪费已经对我国粮食安全保障工作构成潜在威胁。

在消费环节，餐饮业中的食物浪费已经成为我国食物浪费"重灾区"。数据显示，餐饮作为在外消费的主要形式，每年浪费的食物蛋白和脂肪分别达到了800万吨和300万吨，按照膳食营养的推荐标准，可以养活2亿人。如果把食堂、家庭食物浪费统统考虑在内，所浪费的食物按照居民营养需求推荐标准计算可以养活2.5亿~3.0亿人（许世卫，2007）。惊人的食物浪费问题已经引起中国政府的高度关注。中共中央、国务院办公厅印发了《关于厉行节约反对食品浪费的意见》，并且针对我国餐饮行业中的食物浪费问题制定了一系列措施。动员全社会的力量来减少食物的损失和浪费，目前取得了初步的成效（高利伟等，2017），尤其是在有效遏制公务消费等方面。

作物产后环节的损失也不容忽视。特别是农户储粮环节，国家粮食局的数据显示，"十一五"期间，农户粮食储藏损失率约为8%，每年损失粮食约2 000万吨，相当于411万公顷良田粮食产量（国家发展改革委等，2011）。农户储粮环节玉米损失率最高，平均约为11%；稻谷平均损失率约6.5%，小麦平均损失约4.7%。造成损失的主要原因：鼠害的损失约占总损失量的49%；霉变的损失约占总损失量的30%；虫害的损失约占总损失量的21%。尽管我国在"十二五"期间开始实施农户科学储粮专项建设规划，但是中国粮食产量的50%左右分散在农户层面，约1/6的粮食储存在简易仓囤，安全储粮仍面临前所未有的困难和挑战（唐婷，2016）。此外，收获、运输、干燥等产后环节过程中，由于各种原因也存在着不同程度的损失（高利伟等，2017）。

未来随着中国城镇化的快速发展，人口数量不断增加，城镇化家庭呈现小型化（一般为两口或者三口之家居多）趋势（王钦池，2015），城镇居民食物消费结构朝着以动物食品为主的方向发展。这种人口分布空间的演变格局以及在食物消费结构上的转变特征，势必将驱动我国越来越多的食物资源流向经济较为发达的城市地区，尤其是附加值高、资源环境代价较大的食物。如果对此不加以遏制，这种变化很可能导致中国未来食物损失和浪费的"重心"集中在城镇地区（高利伟等，2015），其严重性很有可能朝着欧美等发达国家食物浪费的趋势发展，将对我国未来的粮食安全构成潜在威胁。此外，除了食物本身的浪费，更重要的是它造成了生产、加工、运输以及消费这些食物时所投入的各种资源、能源的无效消耗，以及温室气体等环境问题的额外滋生（Gustavsson et al., 2011），为我国粮食生产增加了不必要的资源环境负担。

二、问题提出

中华人民共和国成立 70 年来，中国保障食物安全的重心始终落在农业生产领域，通过提高粮食产量来满足国内人口日益增加对食物的需求。多年来，中国通过体制改革、政策投入、科技投入、物质投入等一系列举措的实施，在有限土地资源、水资源等基础上生产出越来越多的农产品。目前我国多种农产品产量已经跃居全球首位，基本满足了人口倍增、工业化和城市化高速发展对食物的巨大需求，成功的养活了20%的世界人口，解决了 13 亿多人的吃饭问题，为减少全球饥饿人口和营养不良人口做出了突出的贡献。目前，居民食物消费正在由"吃饱"朝着"吃好"转变。但是我们也应该看出，中国为了保障食物安全已经付出了巨大的、几乎是难以逆转的资源环境代价，即便如此，保障食物安全的挑战依然存在。

粮食安全的问题还远不止于此，更为严重的问题在于生产出来的一部分食物在整个供应链中由于各种原因不能被消费掉，产生巨大的食物损失和浪费（Liu et al., 2013），这无疑对我国粮食安全构成潜在威胁。特别是在食物消费阶段，当付出高昂资源环境代价生产出来的食物，经过储藏、运输、加工、烹饪等一系列资源投入（如水、电、石油等），最终在满足国人舌尖上的消费过程中，相当一部分食物因为诸多原因被丢弃掉，变成城市固体废弃物，这些无疑也会成为城市环境和居民健康的巨大压力和隐患。

未来 20~30 年，我国将有超过 60%的人口居住在城市，快速城市化进程将带来日益严峻的资源环境保障问题和资源环境剥夺问题，更为重要的是，人口、经济、城市化和工业化将持续不断地对我国食物系统提出新的、更严峻的挑战，继而对生产这些食物所必需的资源、环境以及生态系统带来更大的压力，然而我们提高粮食产量的难度也越来越大。因此，从这种意义上来说，减少食物浪费就显得尤为重要。

尽管如此，食物浪费问题仍存在很多分歧和争议，尤其是在学术界。一部分学者认为食物浪费是必然的、不可避免，这归根结底是由不良的伦理价值观所导致的（李海龙，2014），也是人们生活富裕过程中的一种必然过程，认为这个问题是社会发展过程中的一种社会现象（Muriana，2017）；但是也有部分学者认为，食物损失和浪费问题值得深入关注和研究，认为食物浪费在当下中国更加严重和特殊，已经威胁到中国粮食安全的地位，必须引起全社会的警觉；并认为食物浪费是危及国家资源环境安全的潜在威胁（成升魁等，2017）；认为通过有效手段减少食物损失和浪费是可行的，对保障粮食安全、减少食物供应链价值损失以及减缓资源环境压力都具有重要的科学价值（成升魁等，2012 和 2017）。

虽然食物浪费问题已经引起全社会关注，但是食物供应链中的其他环节中的损失和浪费问题（如产后环节、家庭环节等）仍很少被关注（Gao et al.，2013；高利伟等，2015）。特别是从科学研究领域来看，目前，我国针对食物损失和浪费特征的揭示及其减损潜力研究力度仍然相对薄弱，损失和浪费问题在食物供应链很多环节没有得到足够重视（高利伟等，2015；成升魁等，2017），甚至有关数据资料严重缺乏，对整个供应链中食物损失和浪费问题的整体性和系统性认识不足（成升魁等，2012），缺乏一套综合的评价食物供应链各个环节损失和浪费的理论方法，导致无法建立起有针对性的、行之有效的减损措施。未来随着中国农业生产水平的不断提升、城镇化的快速发展以及居民收入水平的不断提高，中国供应链中食物损失和浪费的发展趋势我们不得而知，有待进一步加强。因此，围绕中国食物供应链环节开展损失和浪费特征研究及其减损潜力研究就显得非常迫切，具有非常重要的科学价值（图 1-3）。

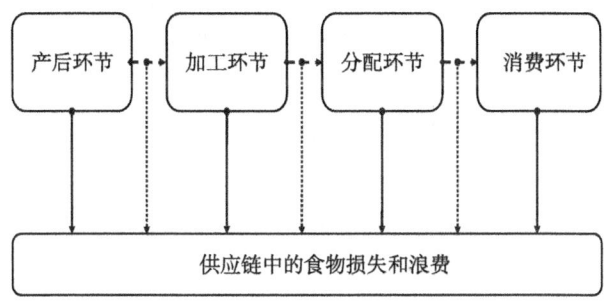

图 1-3　食物供应链不同环节中的损失和浪费

（资料来源：Bourne，1977）

三、研究意义

"安民之本，必资于食，安谷则昌，绝谷则危"。自古以来，保障粮食安全就是治国安邦的头等大事。粮食持续平稳的增产以及供求平衡问题历来是政府部门所关注的焦点，也是农业科研工作者面临的一个永恒的课题。中国作为全球粮食生产和消费大国之一，保障食物安全的形势依然严峻。随着我国粮食供应的不断增加以及居民生活水平的提升，食物损失和浪费问题逐渐开始显现，成为影响我国食物安全领域抑或可持续发展领域的潜在威胁。因此，开展供应链端的食物损失和浪费研究，对有效保障国家粮食安全、促进农业资源环境可持续发展以及加强食物损失和浪费数据的统计都具有重要的科学意义和现实意义。

首先，减少供应端的食物损失和浪费，增加食物供应数量，这对缓解我国食物生产端的压力，提升食物生产效率等都具有重要的理论价值。食物损失和浪费被认为是供应链中一种低效率的主要特征（Bernstad et al.，2016）。我国是一个人口大国，目前有近14亿人口，如果平均每人每年浪费1千克粮食，所浪费的粮食总量将达到140万吨，相当于养活一个350万人口的城市（按照年人均口粮400千克计算）（唐华俊等，2012）。而如果每人每年浪费1千克牛肉（按照7千克饲料粮转化1千克牛肉计算），所浪费的粮食总量将达到980万吨，相当于我国平均每亩粮食产量白白提高近9千克（按照粮食播种面积11 000万公顷计算），更重要的是，随着我国粮食单产的不断提高，单产每提升 1 千克粮食产量的难度越来越大，而为此付出的巨大努力成效将因奢侈的浪费而被痛心的抵消掉。而事实上是，我国每年人均浪费的粮食不止 1 千克，甚至更多（高利伟等，2017）。2016 年我国谷物产量超过 6 亿吨，预计到 2030 年我国谷物需求在 6.5 亿吨左右，如果降低食物损失 50%（食物供应端损失和浪费比例按照 20%计算），2016 年我国谷物总供应就与 2030 年人口高峰时对谷物的总需求基本持平，减损工作对我国粮食安全的贡献意义重大。

其次，减少供应端的食物损失和浪费不仅可以减轻食物生产压力，而且可以减缓食物生产的资源环境负担，增加环境的可持续性。食物损失和浪费意味着生产这些食品所投入的大量的水、能源、土地以及生产资料等的无效消耗，以及温室气体的无效排放。全球每年供应的全部食物中，没有被吃掉的食物所消耗的水资源折合量为 250 立方千米（包括地表水和地下水资源），相当于全球作物生产用水的 24%。此外，生产这些食物需要占用全球 14 亿公顷的土地，相当于全球 23%~30%的农业耕地面积（Kummu et al.，2012；FAO，2013）；同时也消耗了全球 23%的肥料（Kummu et al.，2012）。没有被吃掉的食物在整个食物供应链条中所产生的温室气体排放为 33 亿吨（CO_2^e），位列于美国和中国温室气体排放总量之后（FAO，2013），占 2004 全球温室气体排放总量（490 亿吨）的 6.7%（UNFCCC，2012）。除了这一环境影响之外，食物浪费每年所造成的直接经济损失（不包括鱼和海产食品）高达 7 500 亿美元（FAO，2013）。在美国，自 1974 年以来，食物浪费的比例增加了近 50%，这些浪费每年占到全美淡水资源消费总量的 1/4，并且消耗 3 亿桶的原油（Hall et al.，2009）。在中国，谷物在整个供应链中的损失和浪费比例接近 20%，其中消费环节占到了 7.3%，而整个供应链中生产这些食物所占用的耕地和消耗的水资源量分别为 2 600 万公顷和 1 350 亿立方米（Liu et al.，2013）。

最后，食物损失和浪费数据作为一项重要的参数，对估算居民膳食营养摄入量水平，调整居民食物消费数据参数具有重要参考价值。美国很早就在食物损失和浪费参数方面开展研究。美国农业部经济研究局（United States Department of Agriculture-Economic Research Service，USDA ERS）最早建立了食品供应（人均）数据系统 [Food Availability (Per Capita) Data System，FADS]（USDA-ERS，2013）。为了更好地接近真实的居民食物摄入量，该中心把每种食物变质、餐桌剩余以及其他形式的食物损失和浪费估算参数考虑在内，在以往数据系统基础上衍生出损失校正后的食物供应数据集 [Loss-Adjusted Food Availability (LAFA) Data Series] (USDA-ERS, 2013a)。而我国由于缺乏食物和损失数据，在核算食物供应和需求时经常会出现供需不匹配问题 (Yu et al., 2014)，导致基础食物消费数据可靠性较差。此外，ERS 还利用以上数据估算了美国零售业以及消费环节（在家消费和在外消费）中食物损失数量以及损失价值。基于以上数据库，USDA ERS 利用持续更新中的数据发布了一系列关于居民食物膳食评价的报告，为居民膳食营养摄入水平提供了可靠的参考。

四、食物损失和浪费研究综述

以资源环境可持续的方式满足世界日益增长的食物需求已被认为是近年来科学界面临的一个紧迫挑战，这被称之为粮食安全的"大挑战（Grand Challenge）" (Foley et al., 2011)。减少食物损失和浪费为提升全球食物安全保障程度以及资源环境可持续性提供了一个潜在契机，为此得到很多国家政府部门和相关专家学者的持续关注。

近年来，尽管食物损失和浪费研究在不同尺度、不同环节以及不同食物种类上都有所开展，但是围绕食物减损开展的研究工作仍显不足。具体主要体现在以下几个方面：首先，食物损失和浪费概念界定不清，测度方法不统一，导致不同研究结果之间难以比较，不能形成统一的减损策略；其次，食物供应链诸多环节中的食物损失和浪费数据缺失严重，无法对整个供应链食物损失和浪费的特征形成整体的认识；最后，食物损失和浪费数据陈旧，难以反映目前食物损失和浪费的特征，更不能预测未来食物损失和浪费的发展趋势，尤其是在经济发展中国家和地区。本研究结合国内外大量文献资料，综述了食物损失和浪费研究在国际上的进展，揭示开展食物减损工作的重要性以及紧迫性。

（一）食物供应链中的损失和浪费概念和术语

虽然国内外学者围绕食物损失和浪费开展了广泛的研究，不同组织和机构围绕食物损失和浪费也给出了各自的定义，但是由于食物供应链系统的复杂性以及损失和浪费的多样性等特点，针对食物损失和浪费的概念，学术界至今尚未形成一个明确而统一的认识。

1. 损失和浪费形式多样

联合国粮农组织围绕食物损失和浪费的定义给出了较为客观和详细的解释。其认为，整个食物供应链中的损失和浪费都可以称为食物损失。其中，食物损失指的是发生在供应链早期阶段，包括食物成为终端产品或者进入分配阶段之前，食物在数量上的减少或者是质量上的下降，导致食物供应数量发生减少。食物损失主要发生在经济欠发达的地区或国家，主要包括食物在收获、运输、脱粒、晾晒以及储藏和加工等阶段，由于不良的气候和环境、农业技术水平落后、储藏设备简陋以及农业投入水平低等客观原因导致食物的无效消耗。食物浪费主要与人的行为有关，是指食物供应链中原本用于消费或者用于加工的食品由于种种原因被丢弃掉，这种发生在食物供应链后端的损失称之为食物浪费。食物浪费主要发生在食品零售阶段以及终端消费阶段（如超市、零售市场、批发市场以及家庭、餐馆和食堂等）。此外，欧盟委员会和美国环境保护署等组织通过立法形式分别从食物垃圾分类角度给出了食物垃圾定义，世界资源研究所（WRI）和美国农业部（USDA）针对食物损失和浪费也给出了各自的定义，但是并没有具体给出食物垃圾和食物浪费之间的区别。

2. 损失和浪费术语众多

围绕食物损失和浪费研究，不同学者依据各自研究的目的和需要分别给出了不同的术语。英国非政府组织——废弃物回收行动组织（WARP）依据食物垃圾产生的特征将居民家庭中的餐厨垃圾（Kitchen waste）区分为3种类型，包括不可避免的食物浪费（Unavoidable waste）、可避免的食物浪费（Avoidable food waste）以及可能避免的食物浪费（Possibly avoidable food waste），进而分析英国居民家庭食物浪费减损的潜力。依据食物浪费产生的环节不同，又可以分为泔水（Swill）（吴文水等，2003）、废弃食用油（Waste cooking oil）（Zhang et al.，2012）、食物边角料（Food scrap）、食物剩余物（Food leftover）（Tai et al.，2011）以及餐盘食物剩余（Plate food waste）（Hayes et al.，1995）等。多样化的术语造成食物损失和浪费的核算标准难以统一，在数据对比和比较上难度较大，因此建立明确而统一的食物损失和浪费标准核算规范是非常有必要的。

3. 损失和浪费具有更加广泛的外延

一般来讲，食物损失和浪费研究主要针对的是食物的可食用属性，指的是能吃的食物未被吃掉，但是由于受多种因素的影响，食物损失和浪费也具有更加广泛的内涵。首先，从食物生产的成本来看，由于收获的食物在质量、尺寸和外观上不符合市场准入标准，加工的食品不符合市场的要求或者食品安全的标准，导致食物不能出售，进而导致食物的无效损耗。其次，从饮食文化视角来看，不同地区和国家由于生活习惯、饮食文化、宗教信仰、风俗习惯等偏好，导致食物损失和浪费的特征也有所差异。以动物内脏为例，欧美等发达国家和地区都忌食动物内脏，而在中国等发展中国家普遍食用内脏，因此从这种意义上来讲，食物浪费的差异就难以比较；最后，从饮食健康视角来看，过度消费也被视为一种浪费。数据显示，在全球范围内，尤其是在欧美等发达国家，相当一部分人从食物中摄取的营养和能量已经远远超过国际组织所推荐的膳食营养需求标准，过度饮食导致超重以及肥胖人口不断增加，严重影响了全球的公共健康安全。中国作为经济快速发展的国家，超重和肥胖问题也逐渐开始显现，尤其是在青少年儿童中尤为突出（Yu et al.，2012）。因此，合理饮食、健康饮食，提高国民健康水平，减少"吃进去的浪费"，也是减少食物浪费的重要组成部分，也是非常有必要加以研究的。

正是由于整个供应链中食物损失和浪费概念的多样化特点增加了其评估的难度。虽然联合国粮农组织建立了一套用于评估全球食物供应链不同环节食物损失和浪费的方法，但是该方法涉及内容相对简单，而且评估过程中只包括了用作食物用途的损失和浪费，而对于非食物用途的损失没有考虑在内，不能全面了解食物系统损失和浪费的真实状况，无法全面制定有效地减少食物损失和浪费的措施。因此，迫切需要依据食物供应链中不同环节损失和浪费产生的特点建立一套完善、统一、适用性较强的损失和浪费评估标准体系，以满足政策制定者、相关专家学者以及其他人员的需要。

（二）食物损失和浪费测度

准确量化食物在供应链各个环节中的损失和浪费特征，是减少食物损失和浪费首先需要解决的问题（Eriksson et al.，2017）。目前测度食物损失和浪费的方法包括了重量法、比例法、能量当量法以及价值量法等方法，不同测度方法之间也可以通过一定的比例系数关系进行换算。

重量法是测度食物损失和浪费常用方法之一，通常采用称重的方式获得相关研究数据。称重法获得数据可以经过一定的换算关系折算成浪费的比例、能值或价值（许世卫，2005；Hall et al.，2009；Cuéllar et al.，2010）。一般来说，称重法比较适合损失或浪费少、易于称重的研究，可以直观了解食物损失和浪费的情况。消费端大部分围绕食物浪费开展的研究主要通过称重记录的方式获得数据。如中国科学院成升魁课题组围绕中国餐饮业中的食物浪费问题，采用称重的方法开展了大规模的调研，获得了大量一手数据资料，量化了中国城市餐饮业中食物浪费的特征，为制定中国餐饮业食物浪费的减损政策奠定了数据基础。

比例法也是估算食物损失和浪费常用的方法。尤其是在作物产后损失环节，由于收获的作物在数量或者体积上比较大，难以采用称重的办法测算。产后损失环节中的损失比例计算主要通过农民传统认知去估算。如，基于坦桑尼亚 300 多户农户的回忆，Abass 等（2013）估算了主要作物产后损失，发现储藏环节和加工环节损失比例较高，分别达到产后总损失的 20% 和 16.5%。联合国粮农组织基于供应链各个环节的损失比例，估算出全球主要作物整个供应链中的作物损失和浪费在 1/3 左右（Gustavsson et al.，2011）。由于损失比例数据在统计上缺乏充足的证据，因此还有待进一步探讨。值得肯定的是，不同研究结果之间食物损失比例相对于食物损失数量要更容易进行对比和比较。

食物损失和浪费的测算也可以采用能量当量法、价值量法以及从资源环境代价视角开展评估。在能量当量估算方面，Cuéllar 等（2010）采用能量当量法估算了 2007 年美国人因食物浪费导致的能量损耗，相当于全美居民能量消费的 2%。Hall 等（2009）基于美国人的肥胖问题，分析了食物过度消费造成的能量损失，得出了美国人每人每天因过度消费导致能量损耗超过了 1 400 千卡，1974 年以来过度消耗的能量相当于 3 亿桶原油的能量当量。在价值估算方面，Buzby 和 Hyman（2012）计算了 2008 年零售环节和家庭消费环节食物浪费价值损失，高达 1 656 亿美元，这相当于当年美国 GDP 的 1.2%。而 Nahman 等（2012）测算了南非家庭食物浪费造成的经济损失，相当于南非 GDP 的 0.8%。在资源环境评价研究方面，Liu 等

(2013)采用联合国粮农组织推荐的方法评估了中国整个食物供应链中因谷物损失和浪费所占用的耕地和消耗的水资源量,分别为2 600万公顷和1 350亿立方米。

(三) 食物浪费的调查方法

食物损失和浪费可以发生在整个食物供应链的各个环节,因此围绕食物损失和浪费开展的调查方法也不尽相同。表1-1归纳总结了消费端4种调查食物损失和浪费的方法,包括记账式方法、"考古学"方法、餐盘(餐桌)剩余称重以及根据二手数据推断和外推方法,4种方法各有利弊。

记账式方法需要被调研人员通过记账的方式记录特定时间段内浪费食物的种类、数量以及原因等。记账式方法最大的弊端在于对参与者产生了较大的干扰,很有可能影响参与者的消费行为,造成对最终数据质量的影响。Adelson等(1963)采用以上方法,分别针对美国2个城镇和1个农村地区的60、62、64个户展开调查,得出农村地区和城镇地区居民食物浪费在能量当量上相差不大,且85%~90%的能量损失主要来自动物性食品以及脂肪和油脂。

"考古学"方法,顾名思义就是定期检查参与者家庭每天食物垃圾产生情况,通过食物垃圾分类,结合不同食物的消费情况,最终得到各种食物浪费比例参数。由于参与者没有意识到被丢弃的食物将要被检查,因此"考古学"方法不会对参与者产生行为干预。但是此方法监测不到食物消费过程中被倒入下水道中的液体、部分流食、当场被垃圾压缩机压缩和处理掉的食物以及被动物吃掉的食物。此外,由于调研人员要对产生的垃圾进行逐个分类,工作比较烦琐,需要耗费大量的时间、人力以及物力。Harrison等(1975)分别在1973年和1974年于美国的亚利桑那州采用考古学方法开展了两次城镇家庭居民食物浪费调研,发现城镇家庭全部食物浪费的比例在1973年和1974年分别为10%和9%,年际间相差不大。

餐盘(餐桌)浪费调研方法重点围绕消费者进餐时餐盘中的食物剩余开展研究,结合消费者餐桌食物的供应量,最终得到食物浪费的比例。许世卫(2005)采用以上方法估算了北京不同档次餐馆中消费者的食物浪费比例,发现高、中、低档餐馆消费者单餐人均食物浪费的比例分别为9.5%、10.6%和11.5%。但是此种方法在前期需要做大量准备工作,尤其是需要调研员掌握快速估算食物浪费比例的方法,在前期操作上需要耗费较多的时间,而且产生的误差较大。

外推法估算消费者层面的食物浪费需要获得两方面的数据,一是每种食物的供应(购买)数据,二是每种食物相应的消费(摄入)数据,两者之差就可以推算出消费者层面的食物损耗比例。按照以上的估算方法,USDA分析了消费者层面食物能量的损耗比例,得出的结论显示有将近35%的能量在食物消费过程中被浪费掉。尽管如此,这种估算方法虽然包括了进入消费者环节的所有食物种类,并且没有受到任何人为的干预,但是仍需要更多的证据去证实这种方法的可靠性。

表1-1 不同食物浪费测度方法比较

调查方法	描述	缺点	文献来源
记账(采访和回忆)	被调查人采用记账式或者调研人员采用让被调查人员当面回忆的方式记录每天被丢弃的食物	被调查人员受到调研的干预,日常食物消费行为改变 被调查人员漏记或者回忆不起来,可能会造成数据缺失	Adelson等(1963)
考古学的方法	被培训的观察者每天检查和清理垃圾桶中产生的食物浪费情况,然后估算和记录被丢弃的食物种类和重量	只管观察到盘子中的剩余,没有观察到其他的损失 缺失倒入下水道的液体、饲喂动物的食物以及被垃圾处理机处置的食物 剩余食物的生、熟重量难以区分 耗时、费力	Harrison等(1975)
餐盘食物剩余调查	调研人员调查餐盘中的食物剩余,观察并且测量餐盘中食物剩余的种类和重量	只管观察到盘子中的剩余,没有观察到其他的损失 耗时、费力	许世卫(2005)
推断、推理	利用二手数据,计算利用食物购买数据和食物消费数据,采用差减法得到	可供使用的相关的数据集很少,而且数据的准确性仍待商榷	Muth等(2011)

综上所述,不同调查或者核算方法围绕家庭食物浪费估算产生了明显的差异,食物浪费结果之间变异较大,由7%增加到35%,这主要是由于食物浪费定义不同造成的。7%的浪费比例是最小的,因为油脂、液体食物、饲喂动物的食物未被考虑在内;而35%的浪费比例来自外推方法,所有的食物种类都被考虑在内。因此,亟待建立一套统一的核算食物损失和浪费测量标准,以实现不同研究结果之间的比较和对比。

（四）食物损失和浪费现状

虽然全球各地食物损失和浪费的数量比例惊人的高，但是造成食物损失和浪费的原因在发达国家和发展中国家却不尽相同。数据资料显示，发展中国家中由于储存设施简陋以及技术落后等原因，超过40%的食物损失发生在作物收获后以及初加工阶段（Nellemann et al.，2009；Gustavsson et al.，2011）；而在发达国家，由于食物货架期和消费习惯等原因，超过40%的食物损失发生在零售阶段和消费阶段（Godfray et al.，2010；Gustavsson et al.，2011）。数据显示，欧美等发达国家人均食物损失在消费环节可以达到95~115千克/（人·年），而这一数字在撒哈拉以南非洲和南亚/东南亚地区只有6~11千克/（人·年）（Gustavsson et al.，2011），由此可见，食物损失和浪费特征地区间差异非常大。

1. 食物损失研究相对薄弱

食物（作物）损失研究主要集中在产后环节，主要包括作物收获后的储藏、初级加工、运输以及市场环节等。食物产后损失主要发生在非洲、亚洲等发展中国家以及经济较为落后的国家和地区，主要是由于技术设备落后、储藏基础设施差、运输条件差以及气候条件等因素造成的。国际上围绕食物产后损失研究开展的时间较早，主要集中在20世纪70年代到80年代之间，而且大部分有关食物产后损失研究报告都是由联合国粮农组织（FAO）等国际组织发布的。早在1975年，FAO（联合国粮农组织）将产后贮藏损失引入国际焦点时宣称，"在发展中国家进一步减少产后损失应该作为首要任务开展"（FAO，1981）。1980年，FAO（联合国粮农组织）发布了谷物产后损失数据评价和搜集指南，为制定谷物产后减损计划的国家提供数据和方法上的支持和帮助（FAO，1980）。同时为了更加有效的帮助发展中国家减少食物的产后损失，FAO（联合国粮农组织）在1985年发布了食物产后损失预防培训手册。随后进一步针对谷物以及水果、蔬菜和块茎类食物等分别发布了食物产后损失的预防手册。21世纪初，FAO（联合国粮农组织）第一次在全球尺度发布了食物损失和浪费报告，详细分析了不同地区食物损失程度、原因以及预防措施，在全世界引起广泛反响，这份具有里程碑意义的报告被广泛引用。

其他一些国际组织和机构也发布了食物产后损失报告。美国国家科学院在1978年撰写了发展中国家食物产后损失发布研究报告,此报告基于大量的文献数据资料,建立了食物产后损失估算方法,并且重点分析了谷物、豆类、易腐烂食物以及鱼类等食物种类在产后的损失状况(NRC,1978)。USDA 在1980年专门调查了发展中国家水稻产后损失,同时发布了产后损失报告。欧盟基于大量的研究资料以及实时更新的数据,开发了基于网络平台的非洲产后损失信息支持系统,针对不同耕作以及气候环境条件下东部和南部非洲谷物产后损失特征开展定量分析。基于该系统,使用者能够全面了解谷物产后损失状况,从而能更加有针对性的采取措施减少谷物产后损失(Rembold et al.,2011)。此外,斯里兰卡在1980年发布了本国食物产后损失报告(NSC,1980),2013年德国联邦经济合作与发展部针对尼日利亚居民的主要食物木薯和玉米,也发布了尼日利亚食物产后损失报告,并且深入分析了食物产后损失的资源环境代价(Thylmann et al.,2013)。

由以上可以看出,围绕食物损失研究主要集中在经济欠发达的国家和地区,但是大部分研究仍停留在20世纪70—80年代,食物产后损失研究仍相对薄弱。未来随着全球经济的快速发展以及时代的变迁,这些数据难以说明以上地区食物损失在目前经济发展水平下的损失状况。此外,针对经济处于快速发展的国家(如中国、印度等)食物损失和浪费实证研究鲜有报道,亟待加强。

2. 家庭是食物浪费研究的重点环节

随着食物供应链向后延伸,浪费发生的越晚,所累积的浪费就越多,浪费的价值就越大,造成的资源环境影响也就越大(Gustavsson et al.,2011)。国外围绕食物浪费研究主要集中在欧美等发达国家和地区的家庭消费环节。据统计,欧洲、美国、加拿大和澳大利亚等经济发达国家的食物损失和浪费,一半以上都发生在家庭消费环节,随着城镇化的发展,家庭作为食物消费的最重要环节,已经逐渐成为全球食物浪费的"重灾区",也成为国际研究的热点。

欧美等发达国家最早围绕家庭开展食物浪费研究。美国学者 Atwater(1895)很早就呼吁国内加强食物浪费相关研究,但是美国国内的食物浪费问题却始终没有得到有效解决,并且越来越严重。与20世纪70年代相比,美国国内食物浪费率增加了50%(Hall et al.,2009)。据报道,美国有40%的食物浪费来自于家庭环节。美国家庭每年扔掉的食物超过其购买量的1/4

(Gunders, 2012), 而英国家庭每年扔掉的食物是其购买数量的33% (Ventour, 2008); 而据欧盟估算, 欧洲家庭食物浪费比重占到整个食物供应链系统的42% (Mudgal 和 Escalon, 2011)。瑞典家庭购买的食品中平均有27%被当作垃圾丢弃, 除过期食品之外, 仍可以食用却被丢弃的食品占到瑞典家庭所购食品总量的18%, 这相当于瑞典每年人均丢弃100千克完全可食用的食品 (吴平, 2008)。此外, 英国家庭食物浪费中, 其中2/3是由于没有被及时食用导致食物腐败变质造成的, 而其余的1/3是由于烹饪食物过剩造成的浪费 (Quested 和 Parry, 2011); 更加严重的是, 这导致家庭食物浪费在整个食物供应系统中的的能量损失是食物收获导致能量损失的8倍 (Lipinski et al., 2013)。

与食物供应链相对应的食物价值链中, 家庭食物浪费造成的价值损失也相当严重。美国每年丢掉3 400万吨食物, 价值近13亿美元, 而典型的美国4口人的家庭, 每年可以通过减少食物浪费节省1 600美元 (Gunders, 2012)。英国家庭每年浪费的食物价值约160亿美元, 折算到家庭平均每户每年约浪费800美元 (Ventour, 2008)。在德国, 由浪费食物造成的损失每年达216亿欧元, 人均损失235欧元, 其中家庭浪费的食物价值占浪费总价值量的61% (Braun, 2012; Leal et al., 2015)。而在经济不发达的南非地区, 食物浪费也不容忽视, Nahman 等 (2012) 估算了南非家庭食物浪费造成的经济损失, 相当于整个南非国内生产总值的0.8%。

减少食物浪费带来的经济损失固然重要, 但食物浪费造成的资源环境代价也不容忽视。Cuéllar 和 Webber (2010) 估算了2007年美国人因食物浪费造成的整个食物供应链中的能量损耗, 相当于全美居民能量消费的2%。Hall 等 (2009) 通过分析美国人因肥胖造成的能量损失, 发现自1974年以来, 美国人均浪费的食物能量损耗超过了1 400千卡, 相当于损失全美淡水资源消费量的1/4以及3亿桶原油消耗。而瑞典家庭每年浪费的食品相当于本国70万辆汽车一年的温室气体排放总量 (吴平, 2008)。

3. 餐盘浪费也是学者关注的重要内容

国外学者在食物浪费案例研究中, 研究的重点主要放在餐桌浪费, 也就是餐盘中的食物剩余。研究主要侧重学校、医院、餐饮服务行业, 重点分析食物浪费对食物营养摄入的影响。自从美国农业部经济研究局发布"学校营养计划中的餐盘浪费"报告以来, 针对学生餐盘食物浪费已经作为一种评价学生营养摄入以及食物接受程度的重要标准。Marlette 等（2005）分析了学校学生餐盘浪费的影响因素，发现食物的制作方式以及食品的竞争力都会显著影响食物浪费。Adams 等（2005）和 Yon 等（2012）分别通过围绕餐盘食物剩余研究，分析了在校学生对蔬菜、水果以及更低热量的风味牛奶的接受程度。厨师在学生健康饮食中也发挥着非常重要的作用，Cohen 等（2012）发现优秀的厨师在减少食物剩余中发挥着重要作用。此外，医院、护理中心等也是研究餐盘食物浪费与营养摄入的另一个重要场所。据 Barton 等（2000）报道，超过 40%的食物在医院中被消费者浪费掉，由于病人吸收的能量和蛋白质满足不了食物营养的推荐标准，从而造成病人体重下降。影响病人食物浪费的原因很多，其中性别、住院时间、是否挑食以及菜品等都会不同程度地影响病人餐盘食物浪费。此外，国外学者针对航空旅行中乘客食物浪费研究也有报道。

4. 围绕整个供应链食物损失和浪费研究较少

虽然国际上围绕食物损失和浪费已经开展了大量的研究，但是围绕整个食物供应链环节开展的研究却并不多，而且基础数据方面存在诸多问题。Gustavsson 等（2011）估算了全球尺度整个食物供应链中的食物损失和浪费，并且解释了不同区域食物损失和浪费的原因以及可能的预防措施。Golob 等（2002）认为食物损失主要通过依据特定食物和特定地区等来判别，并且提供了肯尼亚、孟加拉国、印度、马拉维、尼泊尔以及土耳其等国家谷物储藏损失的数据来佐证。从这种意义上来讲，Gustavsson 等（2011）对全球尺度食物损失和浪费的估算还是存在一定的缺陷的。Kantor 等（1997）把美国供应链中食物损失和浪费划分为 8 类，揭示了食物损耗背后的原因，揭示了减少食物损耗的潜力，并且提出了减少食物损耗的相应措施。这也是美国农业部经济研究局第一次正式发布食物损失数据，作为食物供应数据系统的一部分，为定期发布的食物供应数据提供了重要支撑（Loss-adjusted food availability data）（Buzby et al., 2009; USDA-ERS, 2013）。但是以上数据比较粗糙，多数都是通过参考文献资料、专家访谈以及估算最终获得，通过实地调研获得的数据较少，仍具有一定的局限性。此外，大部分学者围绕供应链的研究，主要依据 Gustavsson 等（2011）的核算方法以及洲际尺度的数据进行计算获得（Liu et al., 2013；胡越等，2013；Eriksson et al., 2017），结果准确性得不到有效的验证。

（五）食物损失和浪费减损潜力研究

按照目前全球食物需求模式，如果能将食物损失和浪费减少一半，未来全球食物缺口将减少 1/5，同时还将节省大量水、能源、农药和化肥，并极大增强世界食物安全，如何有效的减少食物浪费已经引起世界各国以及国际组织的高度重视。联合国粮农组织早在 2011 年就制定了关于减少食物损失和浪费的全球倡议，并且指出通过减少粮食损失和浪费来改善粮食安全状况是全世界面临的共同挑战。截至 2014 年，联合国粮农组织已经发展了超过 50 个全球合作伙伴，以此来增强全世界节约食物和减少食物浪费的意识。欧盟也在积极行动，希望到 2025 年将粮食浪费减少到目前的一半（Mudgal 和 Escalon，2011）。据报道，如果采取有效的食物管理措施，英国家庭食物浪费中的 61% 将不会被丢弃（Ventour，2008）。很多民间组织和团体也在围绕食物浪费开展研究。如在英国民间组织 Wrap（Waste and Resources Action Programme）的努力下，2009 年到 2014 年，五年间英国家庭食物浪费已减少 21%，相当于帮助消费者总共节约了 130 亿英镑；如果持续下去，到 2025 年时，食物浪费总量还可以再减少 170 万吨（Quested et al.，2013）。

食物浪费和消费行为之间也存在着密切的关系。虽然目前针对食物消费行为已经有相当的研究，但是针对食物消费行为与食物浪费之间的关系，特别是如何通过改变人的消费行为减少食物浪费的研究仍尚待加强。Baik 和 Lee（2009）分析了 6~9 岁的小学生餐盘食物浪费的行为，发现餐盘食物浪费与饮食习惯有很大的关系，越挑食的学生浪费越严重，但是并没有进一步分析如何改变小学生不良的饮食习惯来减少食物浪费。通过设计信息干预实验，Whitehair 等（2013）研究了 540 名在校大学生餐盘的食物浪费，发现提示信息干预与空白对照相比，食物浪费降低了 15%，而不同信息干预效果之间并没有产生明显的差别。此外，消费行为造成的食物浪费还存在于诸多方面，不仅仅存在于消费阶段，而且还存在于食物购买阶段（WRAP，2013）。因此，通过研究信息干预来制约消费者的消费或者购买行为，进而减少食物浪费的发生，尤其是通过政策制度来约束消费者的行为，是一条切实可行的途径。

(六) 中国食物损失和浪费研究进展

相对于欧美等发达国家，国内学者目前针对食物损失和浪费的研究尚处于起步阶段。总体来看，食物损失研究较少，主要集中在收获机械的减损以及储藏技术的减损研究领域（高利伟等，2016）。食物浪费研究领域，在外消费是研究的重点领域，重点围绕城市餐饮业食物浪费展开，主要包括中国科学院地理资源所成升魁研究团队以及中国农业科学院许世卫研究团队，而针对城市家庭食物浪费的系统研究目前少有报道。

国内关于食物消费及其资源环境效应研究屡见报道，但是针对食物损失和浪费的理论研究少有报道。从生态视角来看，查询"中国期刊全文数据库""中国优秀硕士学位论文全文数据库"以及"中国博士学位论文全文数据库"中的文献发现：只有司金銮（1997）和俞海山（2008a，2008b）等人倡导建立消费生态学，从消费与生态的关系入手，系统分析消费领域的资源、环境等问题。从可持续消费视角来看，国内学者针对可持续消费研究多侧重从宏观层面上提出"改变传统消费模式"的政策框架（刘晶茹和王如松，2003），但是缺乏对可持续消费模式在质量、结构、模式等方面开展国别（或区域）实证分析与系统研究；虽有部分学者曾尝试从"绿色消费""消费生态""生态文明"等视角来探讨"可持续消费"问题，却没能在"可持续消费"理论研究上取得突破性进展，以至于到目前为止我国在理论研究方面仍缺乏实证研究支撑，而针对家庭层面食物可持续消费理论和模式的研究还尚属空白。

从食物损失和浪费特征以及资源环境效应来看。目前国内围绕食物损失和浪费的研究主要还是集中在特征描述阶段，其根本原因就是目前国内食物损失和浪费的资料比较陈旧，数据更新较慢，制约了研究的进一步深入。Liu 等（2013）通过梳理我国食物供应链不同环节食物损失和浪费参数，核算了我国整个食物供应中因食物损失和浪费导致的资源环境代价；结果显示，中国整个供应链中谷物损失和浪费比例接近 20%，消耗了大量水、土资源。但是，由于我国数据资料比较缺乏，尤其是实证研究资料，该研究并没有囊括所有食物种类，在整个供应链中所提供的食物损失和浪费参数样本数量只有 79 个，其中有近一半的数据来源于 1995 年以前（Liu et al.，2013a），这可能会影响最终计算结果，产生较大误差。因此，我国围绕供应链食物损失和浪费的实证研究亟待加强,从研究理论、方法以及研究环节的多样性等方面都需要有所突破。

研究报道较少究其原因主要是科研立项较少。通过梳理国家层面关于食物消费以及食物浪费研究的科研立项可以看出,历年来围绕食物消费或者食物浪费研究的科研立项主要在国家自然科学基金委,截至 2017 年,食物消费立项不到 8 个项目(国家自然科学基金委,2017),而大部分研究主要集中在厨余垃圾处理技术等领域(成升魁等,2012;国家自然科学基金委,2017);而针对食物浪费研究的科研立项只有 2 项(Liu et al.,2013b;国家自然科学基金委,2017),主要围绕城市餐饮业食物浪费和家庭食物浪费及其资源环境效应研究展开。而针对国内整个供应链食物损失和浪费的系统研究少有报道,特别是从大食物系统视角来综合考虑食物损失和浪费以及食物安全问题亟待突破。

为此,本研究基于物质流动理论和资源流动理论的相关知识,结合食物自身的流动的特征,尝试从食物供应链视角出发,探索供应链视角下中国食物损失和浪费问题,从国家尺度揭示供应链食物损失和浪费特征及减损潜力,以期为我国食物损失和浪费减损技术、管理以及政策的出台提供理论依据。

五、研究方案

(一)研究目标

重点围绕我国小麦、玉米和水稻等三大粮食作物,基于物质流理论和资源流动理论(成升魁等,2007),在产后端构建中国主要粮食作物产后流动足迹模型,甄别主要粮食作物产后损失环节,阐明中国主要粮食作物产后损失特征,分析中国主要粮食作物产后损失历史变化趋势,设置不同情景,揭示中国主要粮食作物产后环节减损潜力;在消费端基于我国城市餐饮业食物浪费历年调研数据,分析餐饮业食物浪费特征,揭示政策对餐饮业食物浪费特征的影响;在此基础之上,构建中国主要粮食作物供应链流动足迹模型,甄别主要粮食作物供应链损失环节,分析中国主要粮食作物供应链损失和浪费特征,揭示中国主要粮食作物供应链减损潜力,最终基于以上研究提出减少中国主要粮食作物供应链减损的政策建议。

（二）研究内容

依据本文的研究目标，本研究的主要内容如下。

1. 中国主要粮食作物产后环节损失特征及减损潜力分析

基于物质流动理论以及资源流动理论，通过搜集和整理大量文献数据资料，统计数据等，构建了中国主要粮食作物产后损失足迹模型，甄别了主要粮食作物产后主要损失环节及主要影响因素，构建主要粮食作物产后损失参数数据库，研究了中国小麦、玉米和水稻三大粮食作物产后环节流动特征，量化了三大粮食作物产后损失特征，分析了三大粮食作物产后损失历史变化特征，通过设置不同情景，量化了中国主要粮食作物产后环节减损潜力。

2. 中国消费端食物浪费特征及政策对减损的影响研究

以拉萨市餐饮业食物浪费为例，基于拉萨市3次餐饮食物消费调研数据（2011年、2013年和2015年），分析了拉萨市不同规模餐饮业（大、中、小型餐馆）食物浪费的主要特征，对比分析了政策（"八项规定"和"六项禁令"）出台前后拉萨市不同规模餐饮业食物浪费的特征变化，研究了政策因素对减少拉萨市不同规模餐饮业食物浪费的干预效果及影响机制。

3. 中国主要粮食作物供应链损失特征及减损潜力分析

在以上基础之上，继续延伸产业链，基于大量文献数据资料，构建了中国主要粮食作物供应链损失足迹模型，甄别了主要粮食作物供应链主要损失环节及主要影响因素，构建主要粮食作物供应链损失参数库，分析了2010年中国小麦、玉米和水稻等三大粮食作物供应链流动特征，研究了2010年三大粮食作物供应链损失特征，通过设置不同情景，研究了中国主要粮食作物供应链减损潜力。

4. 中国主要粮食作物供应链减损政策建议

基于以上研究的主要结果和结论，基于主要粮食作物不同环节损失特征以及可行的减损技术或者管理和政策措施，提出中国主要粮食作物供应链减损的政策建议。

（三）拟解决的关键问题

通过构建中国小麦、玉米和水稻三大粮食作物产后环节损失足迹模型，揭示三大粮食作物产后环节减损潜力。

通过构建中国小麦、玉米和水稻等三大粮食作物供应链损失足迹模型，揭示三大粮食作物供应链损失减损潜力。

（四）技术路线

通过查阅大量文献资料，结合调研数据以及统计数据等，依据研究目标和研究内容，确定研究方案，构建本研究的技术路线（图1-4）。

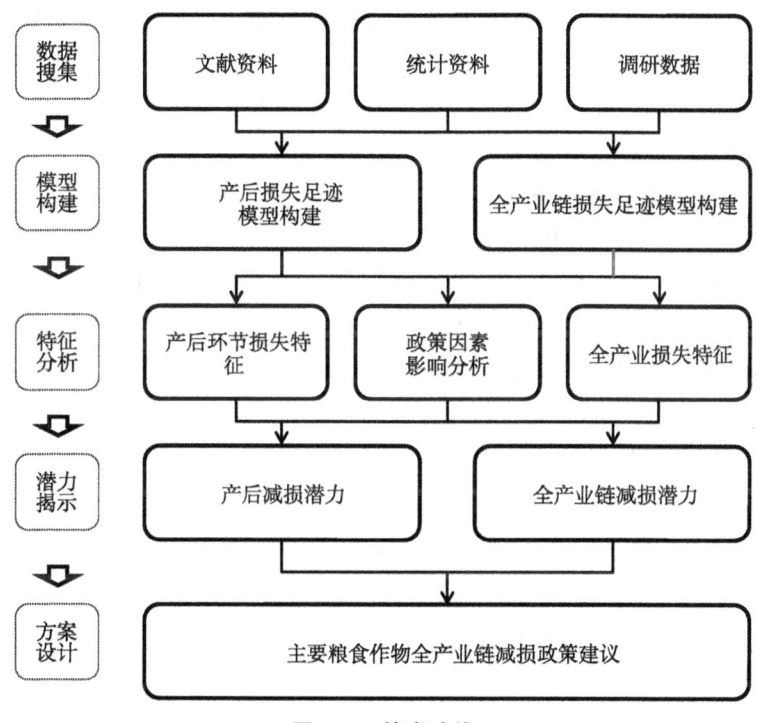

图1-4 技术路线

（五）研究方法

1. 食物损失足迹模型构建

基于物质流理论以及资源流动理论，建立食物流动分析方法，研究了中国小麦、玉米和水稻三大粮食作物在供应链中的流动特征，甄别了主要粮食作物损失的主要环节，包括产后环节、加工环节、零售环节以及消费环节等，分别构建了中国主要粮食作物产后环节损失足迹模型以及中国主要粮食作物供应链损失足迹模型。

2. 食物流动分配参数数据库构建

基于所构建的中国主要粮食作物损失足迹模型，通过大量文献资料搜集和整理，建立供应链不同环节食物流动分配参数数据库。食物流动分配参数主要指的是食物在从前一个环节向后一个环节流动过程中的分配系数，其中损失比例属于一种特殊的食物流动分配形式。

3. 情景分析

基于所构建的中国主要粮食作物损失足迹模型，依据不同环节的损失特征，基于技术、管理以及政策等手段，设置不同环节减损措施的情景组合，分析中国主要粮食作物产后环节减损潜力以及中国主要粮食作物供应链减损潜力。

4. 政策因素影响分析

采用单因素方差分析（One Way ANOVA 分析）t 检验（LSD 方法），分析政策对餐饮食物浪费影响的显著性差异。考虑到政策因素可能对不同类型餐饮企业影响的差异，采用单因素方差分析，研究进一步分析了政策因素对不同类型餐馆食物浪费的差异显著性影响。

第二章 中国主要粮食作物产后损失特征及减损潜力分析

一、前言

粮食作物产后损失是一个全球性问题。尤其在经济不发达的国家和地区，由于缺少必要的粮食装具以及储藏设施，粮食储藏条件较差，受虫蚀、霉变、鼠害以及不适宜的环境等影响，每年全球粮食产量的8%~14%在产后环节被损失掉（Gustavsson et al.，2011），这不仅影响了粮食的有效供给和农民的增收，而且还威胁到全球粮食安全以及生态环境的可持续发展（Godfray et al.，2010；FAO，2013）。因此，减少粮食产后损失，已经成为保障全球及区域尺度粮食安全，增加农民收入的重要途径之一。

中国作为全球粮食生产大国，产后损失问题也相当严重。据粗略统计，由于粮食产后环节中干燥方式、储藏方法原始、设施简陋、工艺落后等原因，中国每年粮食产量的7%~11%在产后环节被损失掉，这相当于3 500万~5 500万吨的粮食产量（粮食总产量按照5亿吨计算）。产后环节中，农户层面储粮损失问题尤为严重，"十一五"期间农户家庭粮食储藏损失率约为8%，每年损失粮食约2 000万吨，相当于411万公顷良田粮食产量（国家发展改革委等，2011）。目前全国粮食库存居历史最高点，中国粮食产量的50%左右分散在农户层面，其中1/6的粮食储存在简易仓囤，安全储粮问题面临前所未有的困难和挑战（唐婷，2016）。除了储粮损失之外，收获、运输、干燥等过程中由于各种原因也存在着不同程度的损失。

中国学者围绕粮食产后损失及减损已经开展了广泛研究，其中主要集中在农户安全储粮研究方面。在储粮装具研究方面，蔡静平等（2001）通过小麦储粮试验，比较了不同储粮装具的性能，发现传统的农户储粮装具由于不能有效利用储藏技术，年均储粮损失在6%以上。新型的储粮装具由于设计更加科学，可使储粮损失降到1%以下。陈智斌等（2015）分析了不同储粮装具对水稻品质的影响，与其他装具相比，彩钢板仓可以有效减缓稻谷品质劣变的速度，是比较适合南方农户的储粮装具。药剂防治方面，柏光富等（1997）和张延礼（2001）分别测试了"防虫磷"在水稻和小麦储藏过程中的防虫效果，实验结果令人满意。此外，围绕粮食储备库粮食减损工程和技术等方面的研究也成为中国学者关注的焦点（林春华等，2008；郑理芳，2009）。

虽然不同学者围绕中国粮食产后损失及减损开展了广泛深入的探讨和研究，但是主要集中在粮食储藏环节，而产后其他环节研究涉及较少；随着中国农业的不断发展以及农业科技政策的不断深入，中国谷物产后损失状况究竟如何，究竟发生了哪些变化，到目前为止尚未形成系统认识。为此，本研究基于大量文献数据资料，建立了一套量化粮食作物产后损失的计算方法，分析了中国主要粮食作物（小麦、玉米和水稻）产后环节（包括收获、运输、干燥及储藏等环节）损失现状，量化了三大粮食作物产后环节的损失特征，分析了三大粮食作物产后环节损失的历史变化趋势，基于情景分析揭示三大粮食作物产后环节减损潜力，以期为有关部门减少谷物产后损失提供数据支持及政策建议，为中国推进粮食供给侧结构性改革提供借鉴。

二、研究方法

基于中国知网（CNKI）文献数据库，搜集中国主要粮食作物（小麦、玉米和水稻）产后不同环节损失的文献报道，系统分析和量化了中国主要粮食作物产后环节损失特征。由于中国主要粮食作物中小麦、玉米和水稻产量占粮食总产量的90%（国家统计局，2017），基本可以反映出中国粮食产后损失的总体状况。

产后环节系统边界界定。基于大量文献资料分析以及专家建议，研究中粮食作物产后环节主要包括4个阶段，分别为作物收获、运输、干燥及储藏阶段，其中，每个阶段中按照损失特征及成因，又划分为若干损失途径。

具体参见图2-1。

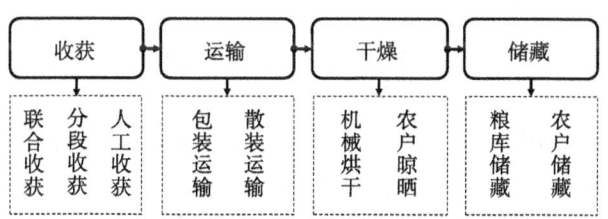

图2-1 中国主要粮食作物产后环节损失途径

损失界定。基于食物的可食用属性，不同研究机构和学者围绕食物损失都给出了各自的定义，其共同点都是食物在数量或质量上的减少或降低。基于大量文献资料参考，本研究中的产后环节损失构成主要包括中国主要粮食作物（小麦、玉米和水稻籽粒）在收获、运输、干燥以及储藏等阶段，由于技术落后、设施缺乏、防护措施不到位以及人为等因素，造成作物籽粒在数量上或质量上的减少或降低。

数据来源及分析。谷物收获损失、储藏损失以及运输和干燥损失数据获取主要基于大量文献数据搜集、整理及分析（时间跨度1979—2016年），数据主要来自历年公开发表的文章。重点搜集谷物产后环节不同阶段的损失率数据，进行数据甄别和筛选，依据产后各个环节损失不同途径对数据进行整理和归类，利用箱式图围绕损失不同途径损失参数开展分析。本研究着重以不同产后减损技术来区分产后损失差异。产后损失中的不同损失途径表述如下：

谷物收获分为联合收获和分段收获。联合收获即谷物收割、脱粒、清选一次完成的联合收获方式，主要是利用谷物联合收割机械完成。分段收获是指利用人工或者机械进行谷物割晒，由人工进行捆束、人工或者机械进行脱粒和清选等工作，整个收获过程耗时、工序繁杂、效率低、费力且损失率较高。谷物收获过程中每道工序中都存在着不同程度的损失。

谷物运输和干燥损失在产后损失中所占比例较小。运输过程的损失主要指的是从收获地（农田）到储藏地（农户或者粮库）的损失，主要包括谷物在包装运输或者散装运输过程中由于籽粒掉落、洒漏等产生的损失。干燥过程损失主要包括谷物在机械烘干或者在农户自然晾晒过程中由于抛洒、溅落等产生的损失。需要说明的是，这里的干燥环节损失不包括谷物水分的正常损耗。由于此方面的研究报道非常少，因此，本研究中参考文献，将谷物包装运输损失率定为 1.0%，散装运输损失率定为 0.3%；参考文献确定谷物机械干燥损失率和农户晾晒损失率分别为 0.5% 和 1.5%。

储藏阶段谷物损失在产后损失中所占比例较高。储藏过程谷物损失主要来自农户层面以及不同粮库（包括国有粮库、企业粮库等）层面。谷物储藏过程中的损失主要是由于虫害、鼠害及霉变等导致的谷物在重量上的减少。其中，农户储粮方式包括传统储粮（普通装具，没有任何防护措施）及科学储粮（科学储粮装具，有防护措施）等两部分。粮库储粮主要指的是粮食在储备库中的储存，储藏过程中有防护措施。

谷物产后损失率计算：由于谷物产后环节不同途径损失率不能直接加总作为谷物产后损失率，因此需要进行不同途径损失比例之间的转换。基于谷物产后环节不同途径损失率分析基础，本研究计算了不同谷物产后各个环节损失率。谷物产后损失率计算公式如下：

$$PHL = HL + TrL + DrL + StL \tag{1}$$

$$HL = R_{HL} \tag{2}$$

$$TrL = (1 - HL) \cdot R_{TrL} \tag{3}$$

$$DrL = (1 - HL - TrL) \cdot R_{DrL} \tag{4}$$

$$StL = (1 - HL - TrL - DrL) \cdot R_{StL} \tag{5}$$

公式（1）至公式（5）中，PHL、HL、TrL、DrL、StL 分别代表了谷物产后损失率、谷物收获损失占总产量的比例、谷物运输损失占总产量的比例、谷物干燥损失占总产量的比例、谷物储藏损失占总产量的比例；R_{HL}、R_{TrL}、R_{DrL}、R_{StL} 分别代表了谷物收获损失率、谷物运输过程中的损失率、谷物干燥过程中的损失率以及谷物储藏过程中的损失率。

$$R_{HL} = Ra_{uh} \cdot Ra_{uhl} + Ra_{sh} \cdot Ra_{shl} \ (Ra_{uh} + Ra_{sh} = 100\%) \tag{6}$$

$$R_{TrL} = Ra_b \cdot Ra_{bl} + Ra_s \cdot Ra_{sl} \ (Ra_b + Ra_s = 100\%) \tag{7}$$

$$R_{DrL} = Ra_h \cdot Ra_{hl} + Ra_g \cdot Ra_{gl} \ (Ra_h + Ra_g = 100\%) \tag{8}$$

$$R_{StL} = Ra_{hs} \cdot Ra_{hsl} + Ra_{gs} \cdot Ra_{gsl} \ (Ra_{hs} + Ra_{gs} = 100\%) \tag{9}$$

$$Ra_{hs} = Ra_{chs} + Ra_{shs} \tag{10}$$

$$Ra_{hsl} = Ra_{chs} \cdot Ra_{chl} + Ra_{shs} \cdot Ra_{shl} \tag{11}$$

公式（6）至公式（11）中，Ra_{uh}、Ra_{uhl}、Ra_{sh}、Ra_{shl} 分别代表作物收

获过程中联合收获所占比例、联合收获损失率、分段收获所占比例、分段收获损失率，其中作物联合收获比例和作物分段收获比例二者之和为100%（表2-1）。Ra_b、Ra_{bl}、Ra_s、Ra_{sl}分别代表作物运输过程中袋装运输比例、袋装运输损失率、散装运输比例、散装运输损失率，其中，作物袋装运输比例和作物散装运输比例二者之和为100%。Ra_h、Ra_{hl}、Ra_g、Ra_{gl}分别代表作物籽粒干燥过程中农户晾晒所占比例、农户晾晒损失率、机械干燥所占比例、机械干燥损失率，其中，农户晾晒所占比例和机械干燥所占比例二者相加为100%。Ra_{hs}、Ra_{hsl}、Ra_{gs}、Ra_{gsl}分别代表作物籽粒储藏过程中农户储藏所占比例、农户储藏损失率、粮库储藏所占比例、粮库储藏损失率，其中，农户储藏所占比例和粮库储藏所占比例二者相加为100%。Ra_{chs}、Ra_{shs}分别代表农户粮食传统储藏的比例和农户粮食科学储藏的比例；Ra_{chl}、Ra_{shl}分别代表农户传统储粮的损失率和农户科学储粮的损失率。

2010年中国三大粮食作物产后损失估算：以2010年中国主要粮食作物产后环节损失为例，基于2010年中国三大粮食作物产后不同处理过程分配比例数据（表2-1）以及2010年三大作物粮食产量数据（国家统计局，2017），依据公式（1）~（11）以及中国三大粮食作物产后损失率，估算了2010年中国三大粮食作物产后损失率和损失数量。

表2-1 2010年中国三大粮食作物产后环节不同处理过程分配比例

作物	收获/%			运输/%			干燥/v			储藏/%			
	联合收获	分段收获	数据来源	袋装运输	散装运输	数据来源	机械烘干	自然晾晒	数据来源	农户储藏		粮库储藏	数据来源
										传统储藏	科学储藏		
水稻	60.0	40.0	[3]	85.0	15.0		10.0	90.0		30.0	10.0	60.0	
小麦	86.0	14.0	[4]	85.0	15.0	[2] #	10.0	90.0	[6-7] #	50.0	10.0	40.0	[1] #
玉米	27.5	72.5	[5]	85.0	15.0		10.0	90.0		50.0	10.0	40.0	

注：作物收获比例参数按照作物收获机械化水平进行计算，#根据已有参考文献估计。文献[1-7]分别来自：国家发展改革委等，2011；宋洪远等，2015；农业部，2011，2010，2012；董铁有等，2005；李芙蓉，2015。

中国历年三大粮食作物产后损失估算（1980—2015年）：利用以上计算方法，参照表2-1，进一步估损了中国历年主要粮食作物产后损失情况，时间跨度从 1980—2015 年（历年分配参数参见附件一）。

产后环节减损情景设置：以 2010 年为基准年，依据谷物产后损失状况，设置谷物产后环节的不同减损情景。情景设置主要基于未来农户科学储粮观念的增强和储粮分配比例的变化以及农业机械化水平的提高等因素，不同情景设置均对中国粮食产后减损具有重要贡献。情景设置参见表 2-2。

表 2-2　谷物产后环节减损情景设置

情景	设置环节	情景设置说明
情景 1	储藏环节 1	在原有粮食储藏比例基础上，粮库储粮比例保持不变，农户谷物传统储粮全部被科学储粮替代，水稻、小麦和玉米科学储粮比例分别为 40%、60%、60%
情景 2	储藏环节 2	在情景 1 的基础之上，农户谷物科学储粮被粮库储粮替代，三种作物农户储粮比例为 0，粮库储粮比例为 100%
情景 3	储藏环节和收获环节 1	在情景 1 的基础之上，三种作物分段收获比例减少 50%，三种作物联合收获比例分别增加到 80.0%、93.0%、63.8%
情景 4	储藏环节和收获环节 2	在情景 2 的基础上，三种作物联合收获比例增加至 100%
情景 5	整个产后环节	在情景 4 基础之上，三种作物运输散装比例增加至 100%，同时三种作物机械干燥比例增加至 100%

三、结果与分析

（一）主要粮食作物产后损失率分析

箱式图可以直观反映一组数据的分布特征。研究利用箱式图，结合大量文献数据资料，分析了中国小麦、水稻和玉米等三大粮食作物收获损失率分布特征。由图 2-2 可以看出，三大粮食作物采用联合收获方式得到的损失率数值均低于采用分段收获得到的损失率数值，尤其是在水稻和小麦上表现尤为明显。这从另一个侧面也反映出农业机械化率的提升有助于降低作物收获损失。

研究进一步利用箱式图中的中位数分析了不同粮食作物收获损失率的平均水平（图 2-2）。由图 2-2 可以看出，水稻、小麦和玉米联合收获损失率的中位数分别为 1.5%、1.8% 和 2.0%，虽然水稻损失率中位数较小麦和玉米要低，但是小麦和玉米联合收获损失率变异范围均要高于水稻损失率；水稻、小麦和玉米分段收获损失率中位数分别为 4.4%、6.0% 和 2.5%，水稻损失率变异范围较小麦和玉米要小。

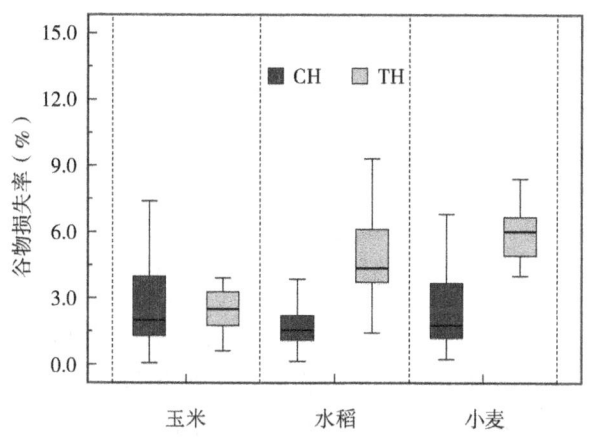

图 2-2　主要粮食作物不同收获方式谷物损失率

（注：CH 代表联合收割机收获，TH 代表分段收获。小麦、玉米和水稻收获损失数据文献资料参见附件二）

利用箱式图，结合大量文献数据资料，分析了中国三大粮食作物不同储藏方式损失率特征。由图 2-3 可以看出，三大粮食作物农户常规储藏损失率最高，并且变异最大，这也反映出农户常规储藏粮食方式的多样化特点。研究利用箱式图的中位数来反映不同粮食作物在不同储藏方式下损失率的平均水平。其中，水稻、小麦和玉米农户常规储藏损失率的中位数分别为 5.7%、6.5%、8.5%，要高于农户科学储粮和国库储粮损失率。三大粮食作物农户科学储藏损失率中位数分别为 2.1%、0.5%、1.0%。粮库储藏损失率在以上三者中最小，低于 1.0%，三大粮食作物粮库储藏损失率数值的中位数分别为 0.3%、0.2%、0.8%，与农户水平储粮相比变异较小。

（二）2010 年中国主要粮食作物产后损失分析

基于公式（1）~公式（11）以及表 2-1，计算了 2010 年中国三大作物产后损失率。由表 2-3 可以看出，2010 年中国水稻、小麦和玉米产后损失

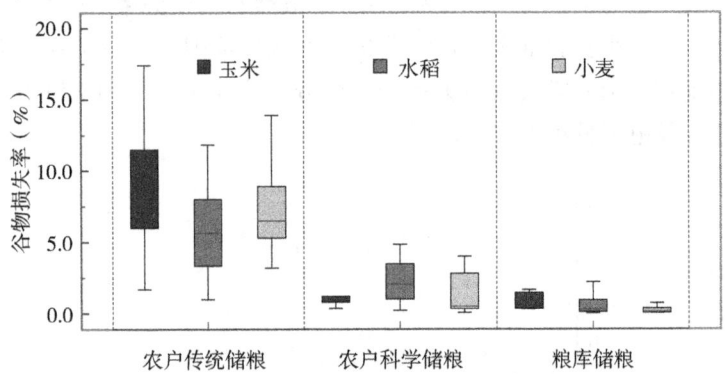

图 2-3　不同储藏方式谷物损失率

(注：小麦、玉米和水稻储藏损失数据文献资料参见附件三)

率分别为 6.9%、7.8% 和 9.0%，三大作物产后综合损失率 7.9%（表 2-3）。其中产后不同环节中，水稻收获环节损失最高，其次是储藏环节，损失率分别为 2.7% 和 2.0%；小麦和玉米储藏环节损失均要高于收获环节，分别为 3.2%、4.5% 和 2.3%、2.3%。从综合损失率来看，三大作物产后损失中，储藏环节损失最高，其次是收获环节，干燥和运输环节损失最小，损失率分别为 3.2%、2.5%、1.4%、0.9%。

表 2-3　2010 年中国三大粮食作物产后损失率　　　　(单位:%)

作物	收获损失率	运输损失率	干燥损失率	储藏损失率	综合损失率
水稻	2.7	0.9	1.4	2.0	6.9
小麦	2.3	0.9	1.4	3.2	7.8
玉米	2.3	0.9	1.4	4.5	9.0
综合	2.5	0.9	1.4	3.2	7.9

基于 2010 年中国三大粮食作物产量数据以及表 2-3 损失率数据，计算了 2010 年中国三大粮食作物产后损失数量和占比（图 2-4）。2010 年中国三大粮食作物产后损失总量 3 843.5 万吨。其中水稻、小麦和玉米产后损失量分别为 1 344.0 万吨、897.0 万吨、1 602.0 万吨（图 2-4a）。产后损失中（图 2-4b），谷物储藏环节损失最高，损失占比达到 40.3%，其次是收获环节，为 31.4%，运输和干燥环节损失较小，分别为 11.1% 和 17.2%。

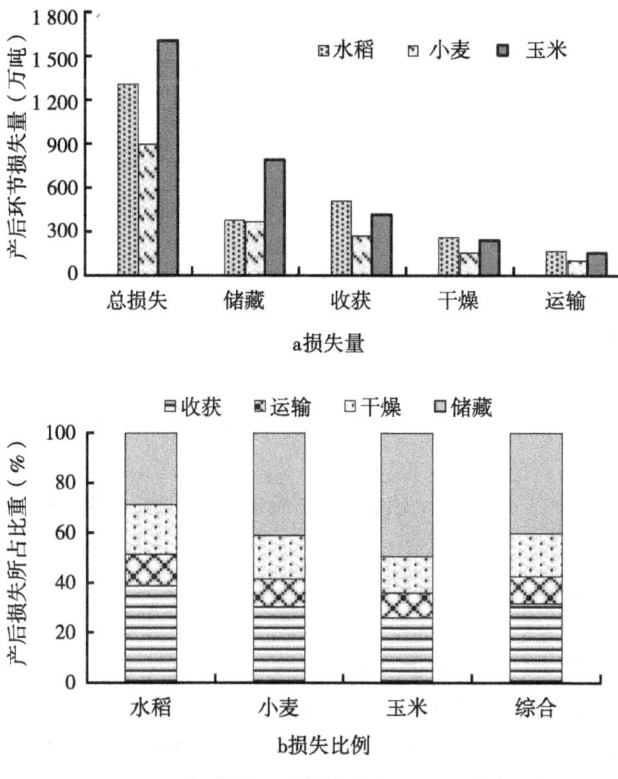

图 2-4 2010 年中国三大粮食作物不同环节产后损失

（三）中国主要粮食作物产后损失历史变化

基于历史数据（1980—2015 年）以及以上计算方法，分析了中国主要粮食作物产后损失历史变化特征。由图 2-5 可以看出，随着机械化水平以及农户科学储粮和粮库储粮比例的不断增加，中国主要粮食作物产后损失比例呈现历年减小的趋势，由 1980 年的 10.7% 减少到 2015 年的 7.3%；尽管如此，随着中国主要粮食作物产量的不断增加，产后损失比例逐年下降，中国主要粮食作物产后损失数量却是呈现历年增加的趋势，由 1980 年的 2 763 万吨增加到 2015 年的 4 116 万吨。粮食产量的快速增加造成的损失量抵消掉了谷物产后损失比例下降减少的损失量，导致我国主要粮食作物产后损失总量仍然呈现增加的趋势。

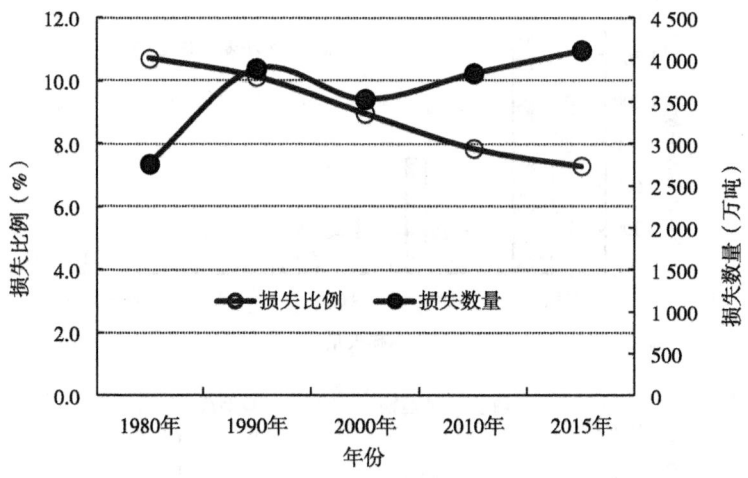

图 2-5 我国三大粮食作物产后环节损失历史变化特征

（四）谷物产后环节减损情景分析

以 2010 年为基准年，设置不同情景，分析了不同情景下三种粮食作物产后损失的减损潜力。由图 2-6 可以看出，与基准年比较，当农户储粮方式（2010 年）改变后（传统储粮全部变为科学储粮-情景 1），3 种粮食作物产后损失率得到大幅度降低，尤其是玉米产后综合损失率下降了 3.5 个百分点。但是由于农户科学储粮损失与粮库储粮损失相差不大，情景 1 与情景 2 比较，3 种作物产后综合损失率相差不大。情景 1 和情景 2 基础上，改变作物收获方式（分段收获逐步被机械联合收获所替代），3 种作物产后综合损失率下降不明显（情景 3），可见作物收获损失减损空间较小。但是在情景 4 基础上，同时改变作物运输方式（袋装被散装替代）和干燥方式（自然晾晒被机械烘干替代），3 种作物产后综合损失率又有大幅度降低（情景 4），与基准年相比，3 种作物产后综合损失率分别下降到 2.6%、2.7%、3.6%，分别可以减少粮食损失 833.4 万吨、586.4 万吨和 972.8 万吨。由以上可以看出，水稻、小麦和玉米储藏环节减损潜力较大，在产后其他环节减损措施配合下，3 种作物产后减损能达到最优，可以减少产后粮食损失 2 392.5 万吨，总损失率降低 62.2%（比较 2010 年基准年和情景 5 损失率变化，并结合 2010 年 3 种粮食作物产量数据计算得到）。

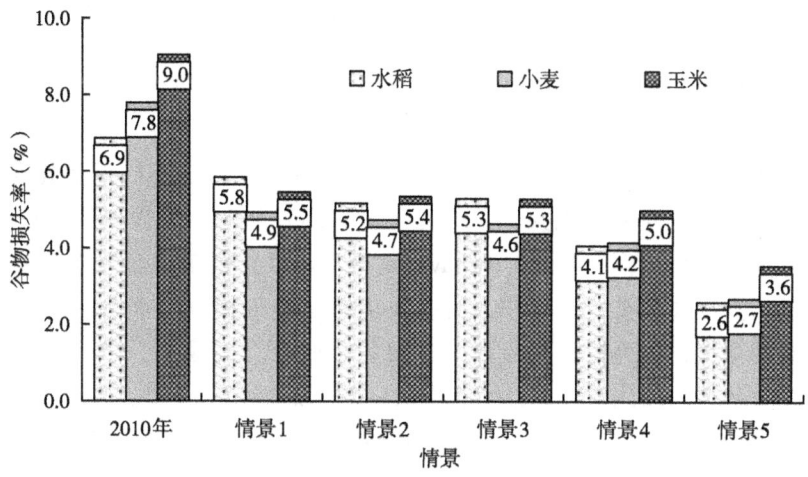

图 2-6 谷物产后环节不同减损情景

（注：情景设置内容见表 2-2）

四、讨论

本研究基于物质流分析方法以及农产品流动特征，建立了一种分析和量化中国农产品产后损失的新方法，系统揭示了中国主要粮食作物产后损失特征。该研究反映的是产后环节技术和管理措施的变化对损失的影响。该方法通过甄别产后损失环节，以及每个环节中所用到的技术或方法，通过损失率和技术或者方法的配对，最终达到测算产后损失率的目的。该方法可以作为一种有效评价中国作物产后损失的方法。

利用该方法，本研究计算了 2010 年中国主要粮食作物产后损失率。结果显示 2010 年水稻、小麦和玉米产后损失率分别为 6.9%、7.8% 和 9.0%，三大作物产后环节平均损失率为 7.9%，其中储藏和收获环节损失贡献较大。与已有结果比较，研究结果在合理的测算范围之内（7%~11%），验证了该方法的可靠性。

与欧美等发达国家相比，中国粮食作物产后损失率仍然处于高位（发达国家粮食作物产后损失率是 4%~6%）（Gustavsson et al., 2011），尤其是农户储藏环节，要高于联合国粮农组织 5% 的储粮损失标准（FAO, 2011），这从另一侧面说明中国粮食产后损失的减损空间依然较大,情景分析表明通过优化组合作物产后环节的各项技术或管理方法,粮食作物产后损失均会有不同程度的降低,其中在最优情景下,主要粮食作物产后损失可以降低到4%以下。

基于不同研究目的,不同学者围绕产后环节给出了不同的界定范围,但是到目前为止尚未形成共识。詹玉荣(1995)认为产后损失应该包括从生产到消费整个过程的损失。Gustavsson等(2011)把粮食损失分为非人为损失和人为损失两类,其中非人为损失主要是由于相应技术条件缺乏等因素导致的损失,认为粮食产后环节主要包括收获、运输、干燥、储藏等非人为损失环节。而国内大部分学者所关注的产后环节也主要是收获、运输、干燥、储藏等环节。基于此,本研究中的产后环节主要考虑了以上4个环节。其中,本研究中的运输损失只考虑了粮食收获后从田间运输到农户家中的损失,并没有考虑其他运输环节中的损失(如粮食由农户层面到粮食储藏库中的运输),因此本研究把粮食运输环节置于干燥环节之前。

本研究中的大部分数据来源基于已有文献资料中的调查以及试验数据,按照不同损失途径归类,筛选出适合本研究的数据资料。在损失率数据分析方面,研究利用箱式图来分析产后主要环节中的损失率数据,可以直观地看出不同技术途径下损失率分布特征以及损失变异情况。考虑到损失率数据的变异情况,为了尽量使得到的数据更为合理、科学及可信度较高,本研究损失率数据采用取中值的方法最终得到产后各环节的损失率数据,数据质量与已有研究比较之后,数据质量是比较可靠的。此外,虽然本研究的大部分数据主要集中于20世纪80—90年代,但是研究主要考虑不同技术途径下的损失,再结合不同技术途径的占比,最终得到粮食作物产后综合损失率,在一定程度上克服了数据陈旧的问题。

尽管不同学者围绕粮食产后减损开展了相当广泛的研究,但是粮食产后损失是不能完全消除的,通过改进收获机械的性能、适时收获或者改善运输、干燥以及储藏条件等,谷物籽粒的损失可以降低。而在某些环节谷物损失是不可避免的,称之为损耗,例如,谷物储藏过程中品质下降或者含水量的减少。谷物收获机械规定的收获损失标准(如小麦收获机械收获损失率农业标准:NY/T 995—2006,损失率:≤2.0%(全喂入式),≤3.0%(半喂入式),≤3.5%(梳脱式)。但是到目前为止,有关谷物产后损耗尚未形成统一标准。因此从这种意义上来说，粮食产后损失降低到什么程度才算合理，需要根据多种因素综合考虑和评判（张瑞娟等，2012），以区分可避免的损失以及不可避免的损失（王若兰等，2005）。

五、结论与展望

基于物质流分析方法以及农产品流动特征，本研究建立了一套量化作物产后损失及减损的计算方法。在此基础之上，重点分析了 2010 年中国三大粮食作物（水稻、小麦和玉米）产后损失特征及其减损潜力。结果显示，储藏和收获是作物产后减损的重点环节。通过改变产后环节中的不同技术条件，可以有效地减少作物产后损失，这也表明中国粮食作物产后减损存在较大的潜力。

作物产后减损的实现需要国家农业政策的有效制定和实施作保障，未来应该着重通过提高农户科学储粮意识以及提高作物机械收获水平和收获质量等综合途径，最终实现中国粮食作物产后损失的降低。首先，我国将近一半的粮食储藏在农户家庭中。因此提高农户科学储粮意识是推进农户科学储粮技术（装具）采用水平，转变农户储粮观念，改善农户储粮条件，是有效促进农户减损的关键。其次，作物产后减损政策的有效制定和实施对减少作物产后损失具有决定性作用。尽管在科学储粮政策的引导下，中国科学储粮技术推广工程已经取得了很好的经济效益和社会效益，即便如此，科学储粮农户也只占全国农户总量的 5% 左右，中国农户科学储粮工程仍面临长期而艰巨的任务；最后，虽然机械收获可以显著降低作物损失率，但是不同粮食作物机械收获损失率变异还是非常大的。未来建议扩大科学储粮试点范围，因地制宜开发适合不同地区的储粮技术和装备以满足各类农户需求；探索适当的农机补贴机制、构建技术服务体系、提高农业机械化收获水平（尤其是玉米籽粒收获比例）等综合途径来有效减少主要粮食作物产后损失，提升农民收入水平。

第三章　中国消费端食物浪费特征及减损潜力研究

一、前言

随着供应链的延伸，食物浪费发生的越晚，累积的浪费就越多，浪费的价值就越大，造成的资源环境影响就越大（Gustavsson et al., 2011）。餐饮消费环节作为食物供应链的终端环节，因此，通过采取有效的措施来减少消费端的食物浪费，可以获得更多经济和环境效益。

不可否认，餐饮业作为我国城镇化发展过程中的重要组成部分，在拉动我国社会经济增长以及驱动城镇居民食物消费多样化和膳食营养改善中发挥着至关重要的作用。但是，近年来我国餐饮业中消费者食物浪费问题的严重性正在成为制约我国城镇餐饮业可持续发展的不利因素（成升魁等，2012），成为主流媒体、管理部门以及专家学者关注的焦点。

国际上，围绕餐饮服务业食物浪费已经开展了广泛的研究，其中研究方向主要集中在食物消费行为等研究方面。国内餐饮食物浪费研究开展相对较晚，缺乏对食物浪费形成系统认识（成升魁等，2012），研究仅围绕餐饮食物浪费特征展开，如2004年北京餐饮浪费调查显示，消费者每餐消费动物性食物的浪费率为9.7%，植物性食物为12.5%（许世卫，2005），而食物综合浪费比例为11.1%；2008年河南省城乡饭店主食综合浪费率为18.6%，其中，米饭浪费率为23.1%、面制品浪费率16.8%（张浩等，2009），而与2004年北京餐饮业主食（米饭和面食）浪费率相比分别增加了100.0%和48.7%。有关食物浪费的资源环境问题也开始引起国内学者的重视。

另外，餐饮食物浪费的严重性也引起中国政府的高度关注。2013年，习近平总书记在新华社《网民呼吁遏制餐饮环节"舌尖上的浪费"》的材料上做出批示，要求"厉行节约、反对浪费"，紧接着"八项规定"和"六项禁令"先后出台，限制公务消费。这应该是中国乃至全世界第一份由国家政府高层出面干预食物浪费问题的政策性文件。随后减少餐饮业食物浪费的"文明餐桌"行动在餐饮业不同群体中展开，而餐饮企业也从管理层面尝试降低餐桌浪费。

政策的实施虽然对我国公款餐饮消费和奢侈浪费得到有效遏制（唐智瑶等，2016），但是政策因素对减少我国餐饮业食物浪费的量化影响尚不明确。因此，本研究以拉萨市餐饮食物浪费为例，基于三次餐饮调研数据（2011年、2013年和2015年），对比分析了政策出台前后，餐饮食物浪费的变化特征，阐明了政策因素在减少餐饮食物浪费中的作用，进而揭示了政策因素对减少我国餐饮业食物浪费的影响机制，以期为有关部门开展食物浪费减损工作提供理论依据。

二、资料与方法

1. 数据来源

餐饮食物消费及浪费数据的采集是由经过系统培训的调查员采用食物消费问卷以及食物称重相结合的方式获得。通过重点调查不同类型餐馆就餐者单餐食物消费情况，包括就餐人数、点餐数量以及食物浪费数量等。以拉萨市餐饮业为主要研究对象，分别于2011年、2013年和2015年开展了三次大规模餐饮业食物消费调查。

2. 相关界定

对调查中的各个项目进行了统一规定。调查食物分为植物性食品和动物性食品，其中，植物性食品包括大米（米饭及其制品）、面食（各种面制品）、蔬菜（包括叶菜类、根菜类、茎菜类、花菜类、果菜类）等；动物性食品包括猪肉（猪肉及其内脏）、牛肉（牛肉及其内脏）、羊肉（羊肉及其内脏）、禽肉（鸡、鸭、鹅及其内脏）、蛋类以及水产等。调查过程中遇到的"非定态"食物（李小成等，2013），参考调研餐馆厨师建议，按照比例均折算为以上食物品种。通过称重方式来确定食物剩余物的重量，按照统一规定，称重并记录每种食物品种中的剩余数量。需要特别指出的是，本研究中所涉及的所有食物种类，均指熟食，没有进行生熟食品转换。调研的具体内容以及食物剩余物称重详细过程参见文献（喻闻等，2016）。

调查的餐饮企业规模包括大型餐馆（RL）、中型餐馆（RM）以及小型餐馆（RS），其分类标准按餐饮服务经营者的业态和规模实施分类以及建筑面积和就餐座位数量综合进行分类。

3. 抽样方法及分析方法

调查采用分层随机抽样原则。首先，前期开展预调研，基于不同规模餐饮企业食物浪费特征确定不同类型餐饮企业随机抽取的消费者就餐桌数（餐桌样本量）；其次，基于面板数据（拉萨市餐饮企业不同类型分布比例）进一步确定每种规模餐饮类型随机抽取的数量（餐馆样本量）；最终根据以上综合判断结果，确定不同类型餐饮企业随机抽取的最少餐馆数量以及每种类型随机抽取的最少就餐桌数。

根据随机抽样确定的餐饮机构，在正餐（午餐和晚餐）营业时段，不同规模餐馆分别随机抽取至少10桌就餐者。而基于不同规模餐馆单餐人均浪费变异情况，最终确定不同规模餐馆最少选取样本数量分别为6（大型）、4（中型）、3（小型），最终确定不同类型餐馆随机抽样的样本桌数分别最少为60、40和30桌。实际上，2011年、2013年和2015年大中小型餐馆调研实际随机抽样桌数分别为310、80、35；216、332、273；63、137、256。

考虑到调研过程中，除了问卷外，还需要对就餐前后不同食物重量进行称量，课题组在拉萨市高校招募了经济管理等相关专业的大学生作为调研员，经过系统培训后，协助进行消费者问卷调查和食物称重工作。

以2013年减少餐饮业食物浪费政策出台前后为时间节点，研究重点分析政策出台前后餐饮业消费者就餐过程中人均食物浪费的数量变化，围绕以上所涉及的9种食物品种，采用单因素方差分析（One Way ANOVA分析）t检验（LSD方法），分析政策对餐饮食物浪费影响的显著性差异。考虑到政策因素可能对不同类型餐饮企业影响的差异，采用单因素方差分析，研究进一步分析了政策因素对不同类型餐馆食物浪费的差异显著性影响。

三、结果与分析

(一) 拉萨市餐饮业人均食物浪费变化特征分析

研究分析了拉萨市不同类型餐馆单餐人均食物浪费变化特征,由图3-1可以看出,在政策的影响下,与2011年相比较,2013年和2015年,除蛋类以外,其他种类食物单餐人均浪费数量均呈现出不同程度的下降趋势。单餐人均食物浪费总量下降趋势尤为明显,由2011年的人均180.99克分别下降到2013年88.69克和65.69克。其中,植物性食品人均浪费数量下降要高于动物性食品人均浪费数量。但是从绝对数量上来看,植物性食品浪费总量仍然高于动物性食品。在所调研每种食品中,蔬菜浪费数量最高,下降最为明显,但其浪费数量仍然高于其他食品种类。

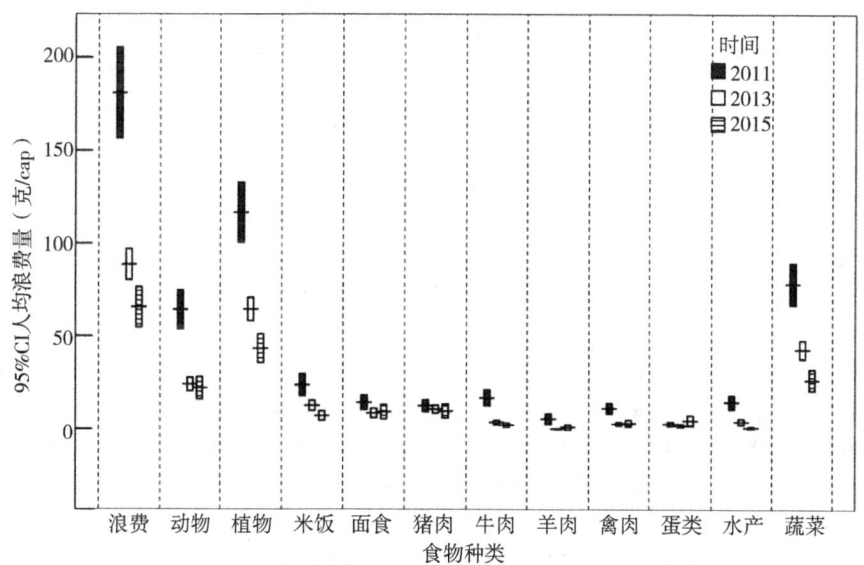

图3-1 拉萨市餐饮消费人均食物浪费特征 (2011—2015年)

(注:95%CI代表95%的置信区间)

采用单因素方差分析(One Way ANOVA 分析) t 检验(LSD方法)方法,研究进一步分析了政策出台前(2011)后(2013年和2015年)拉萨市消费者单餐人均食物浪费变化特征的显著性差异。由表3-1可以看出,除猪肉和蛋类之外,2013年和2015年其他食物品种与2011年相比均存在显著差异($P<0.05$),说明政策对减少餐饮食物浪费的干预效果非常明显。虽然猪肉浪费差异年际间没有达到显著差异,但是猪肉单餐人均浪费数量也在降低;蛋类浪费年际之间没有呈现出明显规律,这可能是由于蛋类消费在餐饮业中人均消费数量和浪费数量不高有关(许世卫,2005)。2015年与2013年相比,食物浪费总量以及植物食品浪费总量表现出显著差异,而动物食品浪费总量未表现出显著差异,但是浪费数量仍有所降低。

表3-1 政策对餐饮食物浪费影响分析

[单位:克/(cap·table)]

食物种类	时间	2013	2015	2013 vs 2015
猪肉	2011	1.85±2.20a	2.84±2.44a	0.99±1.92a
牛肉	2011	13.17±1.44**	14.66±1.59**	1.49±1.25a
羊肉	2011	5.39±0.88**	4.50±0.98**	-0.89±0.77a
禽肉	2011	8.38±1.16**	8.07±1.29**	-0.32±1.02a
水产品	2011	10.50±1.46**	13.82±1.62**	3.32±1.27**
蛋类	2011	0.83±1.25a	-1.81±1.39a	-2.63±1.09**
蔬菜	2011	35.33±5.07**	51.65±5.63**	16.32±4.43**
米饭	2011	11.11±2.65**	16.52±2.94**	5.41±2.31**
面食	2011	5.74±2.55**	5.05±2.83a	-0.69±2.23a
动物性食品	2011	40.12±4.36**	42.08±4.84**	1.96±3.81a
植物性食品	2011	52.18±6.79**	73.22±7.54**	21.04±5.94**
浪费总量	2011	92.30±9.60**	115.30±10.67**	23.00±8.40**

注:采用单因素方差分析(One Way ANOVA分析) t 检验(LSD方法);** 代表组间平均数差异经过 t 检验,在 $P<0.05$ 的水平上具有显著性;a 代表组间平均数差异经过 t 检验,在 $P<0.05$ 的水平上不具有显著性。其中平均数差异的正值代表与2011年相比其他年份浪费数量降低,负值代表与2011年相比其他年份浪费数量升高。表中数据为,平均数差异±标准差,$P<0.05$。

(二)拉萨市不同规模餐饮业人均食物浪费特征分析

进一步剖析了拉萨不同规模餐饮业人均食物浪费年际变化特征。以政策出台前后为时间节点,分析结果显示,政策对拉萨餐饮食物浪费的影响主要体现在大型餐馆和中型餐馆中,而对小型餐馆的干预效果不明显。图3-2显示,政策出台前后相比(2011年分别与2013年和2015年比较),

大、中型餐馆人均单餐食物浪费总量、动物食品浪费总量以及植物食品浪费总量均呈现不同程度的下降趋势。其中拉萨大型餐馆中，餐饮人均单餐食物浪费数量由2011年的219.61克分别减少到2013和2015年的152.27克和145.67克；而中型餐馆由2011年的136.48克分别减少到2013和2015年的96.14克和62.41克。与大中型餐馆有所不同，小型餐馆的食物浪费与2011年相比，2013年和2015年均稍微有所上升，这可能受到除政策以外的其他因素的影响，有待进一步开展深入研究。

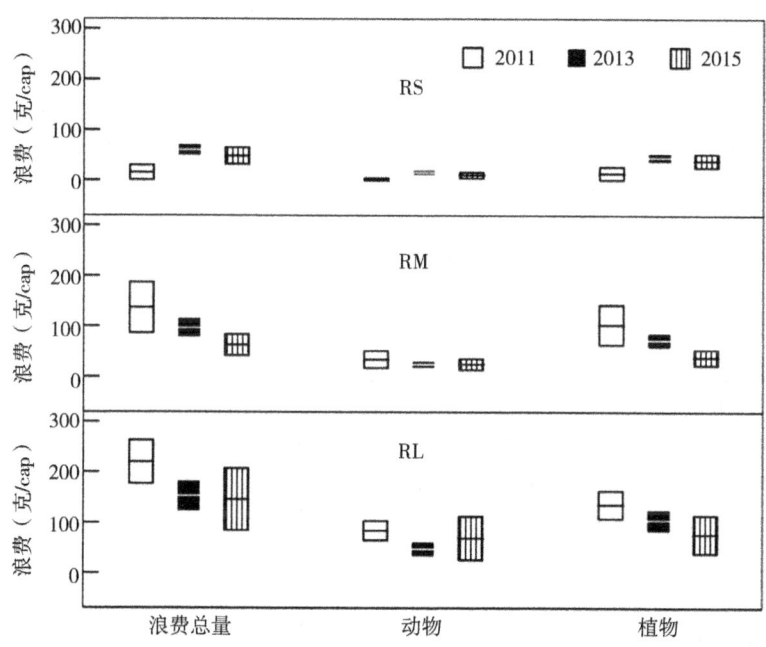

图3-2 拉萨市不同规模餐馆餐饮消费食物浪费特征（2011—2015年）
（注：RL、RM、RS分别代表大型餐馆、中型餐馆和小型餐馆；95%的置信区间）

采用单因素方差分析（One Way ANOVA 分析）t检验（LSD方法）方法，进一步剖析了不同规模餐馆食物浪费在年际之间的差异。结果显示（表3-2），大型餐馆中，2013年和2015年人均食物浪费总量和植物食品浪费总量较2011年均表现出显著差异（$P<0.05$），而动物食品浪费总量只有在2013年呈现显著差异（$P<0.05$），但是2015年较2011年也有所下降；中型餐馆中，2013年和2015年只有食物浪费总量以及植物食品浪费总量较2011年，均存在显著差异（$P<0.05$），但是动物产品在与2013年和2015年

均有所降低，未表现出显著差异；与此相反，小型餐馆中，2013 年和 2015 年食物浪费总量、动物食品浪费总量以及植物食品浪费总量较 2011 年均有所增加，但是只有浪费总量和植物食品在 2013 年与 2011 年相比有显著差异。

表 3-2 不同规模餐馆餐饮食物浪费影响分析

[单位：克/（cap·table）]

餐馆类型	种类	时间	2013	2015
大型餐馆	浪费总量	2011	67.34±21.14**	73.94±28.75**
	动物性食品	2011	36.45±10.44**	15.19±14.20a
	植物性食品	2011	30.89±13.92**	58.74±18.94**
中型餐馆	浪费总量	2011	40.34±16.14**	74.07±17.91**
	动物性食品	2011	9.95±6.28a	9.51±6.97a
	植物性食品	2011	30.39±12.41**	64.56±13.77**
小型餐馆	浪费总量	2011	−44.87±19.59**	−32.81±19.95a
	动物性食品	2011	−13.87±8.18a	−7.94±8.33a
	植物性食品	2011	−31.00±15.50**	−24.86±15.79a

注：采用单因素方差分析（One Way ANOVA 分析）t 检验（LSD 方法）；** 代表组间平均数差异经过 t 检验，在 $P<0.05$ 的水平上具有显著性；a 代表组间平均数差异经过 t 检验，在 $P<0.05$ 的水平上不具有显著性。其中平均数差异的正值代表与 2011 年相比其他年份浪费数量降低，负值代表与 2011 年相比其他年份浪费数量升高。表中数据为，平均数差异±标准差，$P<0.05$。

四、讨论

研究围绕餐饮业食物浪费问题，首次从政策视角分析了餐饮业食物浪费变化特征，基于拉萨市 3 次大规模餐饮业食物消费调研数据，围绕餐饮业消费者食物浪费特征，重点研究了政策出台前后拉萨市餐饮业人均单餐食物浪费的变化特征，揭示了政策对餐饮业食物浪费的干预效果。研究显示，拉萨市餐饮人均食物浪费总量与政策出台之前相比有了明显下降，统计分析显示结果显示年际之间具有显著性差异（$P<0.05$）。分品种浪费分析中，除鸡蛋之外，其他品种均表现出不同程度的降低，并且统计分析均具有显著性差异（$P<0.05$）。鸡蛋浪费年际之间不存在统计学上的差异，这可能与

鸡蛋在外消费的数量和浪费数量较低有关,数据显示鸡蛋在餐馆的单餐人均消费数量只有 18.4 克,而浪费数量更少只有 2.2 克,而且两者在所有食物品种中都是最少的(许世卫,2005),鸡蛋的消费数量低进而会限制鸡蛋的浪费数量的增加。此外,政策对不同类型餐馆干预效果有差别,主要对大、中型餐馆的食物浪费干预效果明显,并且具有统计学意义($P<0.05$),而对小型餐馆没有产生干预效果,年际之间人均食物浪费没有显著差别($P<0.05$),这可能是由于小型餐馆以个人为单元就餐较多,人均消费基本都在 20 元以下,点餐量较少,且很多以面食和米为主(张浩等,2009)。因此来说,降低餐饮食物浪费的重点应该围绕大、中型餐馆展开。

政策因素对餐饮业食物浪费的干预,主要通过以下几方面来实现。首先,2012 年底"八项规定"和"六项禁令"的先后出台,限制了公务消费,减少了公务用餐的数量,特别是减少了在大型餐馆以及高端餐饮中的消费数量。2013 年调研数据显示,受政策影响,拉萨市大型餐饮业上座率减少了 20%~30%,个别大型餐馆上座率甚至减少 70%;其次,政策助推餐饮业结构转型,促进餐饮业理性回归和转型升级,数据显示我国大众化餐饮收入由 2005 年占全国餐饮市场的 60% 增加到 2015 年的 80% 左右,大众化餐饮成为消费升级的主体市场。2015 年的调研显示,包括快餐、团餐、休闲餐饮、小吃、社区餐饮、商场餐饮等在内的新型业态快速发展以及移动互联技术带来的营销方式变化(线上线下餐饮模式发展),正在成为餐饮业发展的方向,而这种理性回归在一定程度上也会减少食物浪费;再次,主流新闻媒体是政策执行的有力助推器。媒体围绕食物浪费问题的大量宣传,对消费者的消费行为会产生干预效果,进而在一定程度上也会对消费者的消费行为进行约束。从以上可以看出,虽然政策对减少餐饮食物浪费产生了积极影响,但是食物浪费不能完全消除,只能尽可能的降低。因此从这种意义上来说,食物浪费降低到什么程度才算合理,需要根据多种因素综合考虑和评判(Garnett,2011),区分可避免的浪费以及不可避免的浪费(高利伟等,2015)。

对餐饮食物浪费的影响,虽然研究主要围绕拉萨市餐饮业食物浪费展开,但是拉萨市餐饮业和其他地区餐饮业已经别无二致,甚至在发展水平上要好于某些地区,因此研究结果在一定程度上可以反映出我国整个餐饮行业餐饮食物浪费的变化特征。此外,研究只考虑了政策因素对餐饮食物浪费的影响，对其他因素未列入考虑范围，如价格因素、地理因素（高原反应）以及消费行为等都会对食物浪费产生影响，进一步研究中应该考虑多种因素对餐饮食物浪费产生的综合影响。

五、结论

研究基于拉萨市三次餐饮食物消费调研数据，以拉萨市餐饮食物浪费特征为主线，对比分析了政策出台前后拉萨市餐饮食物浪费特征的变化，揭示了政策因素对减少拉萨餐饮业食物浪费的干预效果及影响机制。研究结果显示，政策因素在很大程度上遏制了餐饮食物浪费，干预效果明显，与政策出台前相比，拉萨餐饮食物浪费总量、动物食品浪费总量以及植物食品浪费总量均显著下降（$P<0.05$）；其中，拉萨市餐饮浪费在2015年较2013年基础之上食物浪费总量和植物食品浪费总量表现出显著差异，动物食品浪费总量为表现出显著差异，但是仍呈现出进一步降低。政策对餐饮食物浪费的干预效果主要集中在大、中型餐馆；特别是大型餐馆，食物浪费总量、动物食品浪费总量以及植物食品浪费总量均显著下降。小型餐馆干预效果不明显，食物浪费数量较政策出台以前甚至有所增加，这可能受到除政策以外其他因素的影响。可见，大、中型餐馆减少食物浪费潜力较大，未来应该加强大中型餐馆食物浪费研究，探索影响食物浪费的影响因素，引导我国城镇餐饮业实现可持续发展。

第四章 中国主要粮食作物供应链损失特征及减损潜力

一、前言

食物作为一类重要的资源，是人类生存和发展的基础，为人类活动提供必需的能量和蛋白质。食物生产和食物消费驱动着食物资源的流动，食物生产和食物消费的多样化驱动了食物系统的复杂性，因此对食物系统（食物流动足迹）的量化分析，可以深刻理解食物系统中存在的问题，为食物系统可持续评价提供数据支持。食物的损失和浪费作为食物系统中广泛存在的问题而备受来自各方面的关注（媒体、政府以及学术团体），被一致认为对全球食物安全构成潜在威胁，因此从食物流动足迹视角来解释和量化食物系统中食物损失和浪费，可以为高效开展减少食物损失和浪费工作提供科学参考。

围绕食物足迹研究包括生态足迹、碳氮磷足迹等，多数研究主要是针对食物在生产和消费过程中所消耗的各种资源或者产生的环境排放开展的评价研究，而不关注食物本身在食物系统中的问题。食物流动研究属于物质流或者资源流动研究领域范畴，多数研究重点关注的是食物在生产和消费过程中主要营养元素的投入、产出、环境排放以及养分利用效率（NUE 和 PUE）等。而围绕食物流动本身开展的研究却不多见，多数研究只是以建立年度食物平衡表的形式来估算每年的食物供需状况，例如，联合粮农组织负责更新各个国家每年食物供需平衡表，来判断各国每年的食物供需状况（OECD-FAO，2017），不能从系统角度体现食物系统中存在的问题。

食物的损失和浪费存在于食物系统的各个环节，包括食物从收获后到消费的整个食物供应链系统、包括食物作为工业产品原料生产非食物产品环节，同时还包括饲料加工环节以及还包括其他环节等等。围绕不同国家的食品供应链系统的不同阶段，很多学者已经对食物损失和浪费开展了估算。发展中国家食物损失和浪费主要发生在食物供应链的前端，如收获后的储藏、加工等环节，这主要是由于技术、设备落后造成的食物在产后的损失；发达国家食物损失和浪费主要发生在食物供应链末端，如家庭食物浪费。但是从目前已有的研究来看，围绕经济快速转型国家开展的食物损失和浪费研究较少，尤其缺乏从整个供应链尺度的系统研究，例如中国等国家（成升魁等，2012）。

已有研究主要集中在食品供应链中的损失和浪费的单一环节（如产后环节、零售环节或者消费环节等）（高利伟等，2015），缺乏针对食物供应链系统的总体认识，很少有针对单一食品供应链进行系统分析的研究。因此对食品供应链中每一种食品的损失和浪费的认识都是不全面的，这将阻碍我们采取有效措施减少整个食品供应链系统中的食品损失和浪费。本研究中，我们建立了中国主要粮食作物流动足迹模型，以揭示和量化中国整个食品供应链系统的食品损失和浪费特征，重点回答以下问题：①揭示食物系统中水稻、小麦和玉米的流动足迹特征；②分析食物系统中三种作物损失和浪费；③研究减少食物系统中三大作物损失和浪费的潜力。

二、材料与方法

基于物质流动理论以及资源流动的研究方法，本研究中研究人员发展了一种新的核算食物流动的方法，并称之为食物流动足迹。运用所建立的方法，研究人员重点对水稻、小麦和玉米等主要粮食作物开展了分析，重点研究了主要粮食作物在供应链中的损失和浪费特征以及分配特征。

（一）食物流动足迹边界界定

本研究中食物供应链流动足迹包括了食物从作物收获到最终产品被消费掉的全过程，其中包括产后环节、食品链环节、工业链环节、饲料链环节以及种用环节和其他环节等，同时每个环节和过程中都伴随有食物运输和存储过程以及食物的损失和浪费问题（以下统一称为损失）。

作物产后环节包括了作物收获、从田头到家的运输、干燥以及农户和粮库的储藏等过程；食品链环节指的是食物经过一系列生产、加工、消费、烹饪等最终被消费者消费掉的过程，包括了原料加工、食品加工和制作、食品零售和批发、消费者购买、烹饪等过程；工业链指的是食品原料主要用作非食品和食品用途，包括制造淀粉生产、乙醇和酒精以及其他用途，通过市场环节最终用于食品消费或者工业消费。饲料粮链环节主要指的是饲料粮及其副产物用于动物消费的过程，包括了饲料粮直接消费、食品链环节中的副产物用作饲料的消费以及工业链环节中的副产物用作饲料的消费等。种用消费主要是指作物种子播种消费。

（二）食物流动足迹概念框架

构建了食物流动足迹概念框架（图4-1）。纵向把整个食品链划分为生产、分配、加工、再分配以及消费5个过程（即5个食物库），横向把食品链划分为食品链、饲料链、工业链、损失链以及种用和其他5个过程（即5

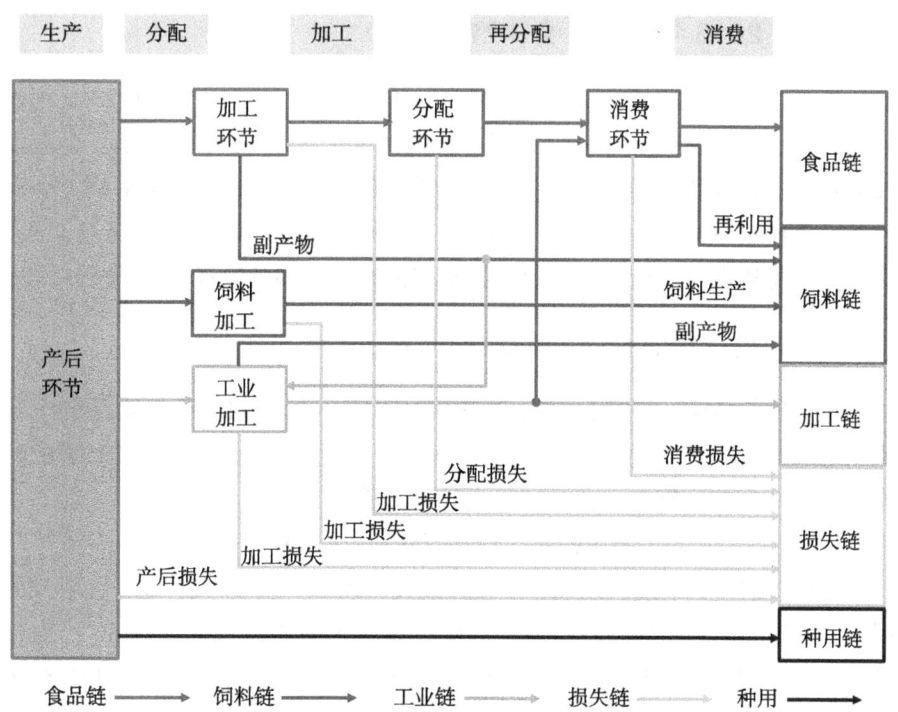

图 4-1　主要粮食作物供应链流动足迹概念框架

个食物流)。其中食品链不同过程中食物流动又有交叉,食品链中的副产物以及损失的食物可以作为饲料链中的饲料原料,工业链中的副产物也可以作为饲料链中的饲料原料。每个食物库和流都会产生不同程度的损失,所有的损失都汇集到损失链中。

(三) 数据搜集

基于食物流动足迹的分析,本研究的参数主要包括两种形式,一种是分配参数,主要是指食物从上一个部门流向下面几个部门过程中是如何分配的,称为分配参数(例如作物收获后部门流动食品、饲料和工业产品过程中的分配),一种是每个环节中食物损失和浪费参数,每个环节的损失和浪费都估计了变异范围(最大值和最小值),并且给出了平均值。基于以上计算过程和参数,本研究的参数来源主要包括文献数据、调研数据以及相关领域专家估算数据。

(四) 2010 年主要粮食作物损失

由于本研究所搜集数据主要在来自 2010 年前后,因此,基于 2010 年我国水稻、小麦以及玉米的产量数据,研究计算了 2010 年我国水稻、小麦以及玉米在各自系统中的食物足迹以及食物损失和浪费。2010 年水稻、小麦以及玉米产量数据来自中国统计年鉴,作物产量占到粮食产量超过 90%。这里假设每年食物生产等于每年食物消费的数量,粮食库存保持不变。

(五) 主要粮食作物流动足迹计算过程

重点围绕 2010 年中国小麦、玉米和水稻等 3 大主粮作物在食品链中的流动足迹过程中产生的损失开展分析,基于食物流动足迹概念框架图中的流程把各个环节再细化,食品链损失计算过程如下:

$$TLW = PHLW + FCLW + InLW + FeLW + SOLW$$

这里 TLW 代表了整个食品链中的损失,PHLW 代表了作物产后环节的损失,FCLW 代表了食品原料加工、流通以及消费中的损失,InLW 代表食品原料工业用途中的损失(包括淀粉、酒精和乙醇等的生产),FeLW 初级分配后的原料用作饲料加工过程中的损失,食品加工副产物和工业加工副产物用作饲料过程加工过程中的损失,SOLW 代表作物用作种子消费过程中的损失。具体计算过程如下：

1. 作物产后损失计算

$$PHLW = CHL + CTL + CDL + CSL + CLTL$$

这里 CHL 代表作物收获损失，包括机械收获损失以及人工收获损失等；CTL 代表作物从田间收获后到目的地（如农户家庭）运输过程中的损失；CDL 代表作物籽粒干燥过程中的损失；CSL 代表作物储藏过程中的损失，包括农户储藏、粮食储备（如企业粮库和中央粮库）过程中的损失；CLTL 代表作物长距离运输过程中的损失，包括公路、铁路以及航运等。具体计算过程如下：

CHL = 作物产量×作物机械收获比例×机械收获损失率 + 作物产量×作物人工收获比例×人工收获损失率

100% = 作物机械收获比例 + 作物人工收获比例

表 4-1 给出了 2010 年不同作物机械收获和人工收获比例参数，表 4-2 给出了 2010 年不同作物在不同收获方式下的损失比例参数。

表 4-1 2010 年主要粮食作物机械收获和人工收获比例

作物	收获比例/%		参考文献
	机械收获	人工收获	
小麦	87.8	12.2	MOA, 2011
水稻	60.0	40.0	MOA, 2011a
玉米	26.0	74.0	MOA, 2011b

注：这里玉米机械收获指的是玉米摘穗收获。

表 4-2 主要粮食作物收获损失率

作物	联合机械收获损失率/%				人工收获损失率/%			
	最大值	最小值	均值	参考文献	最大值	最小值	均值	参考文献
小麦	6.0	0.2	2.0	陈度等, 2011	20.2	0.6	12.2	姚建民, 1987
水稻	4.2	2.1	3.0	曾勇军等, 2014	10.0	3.0	5.0	Saunders et al., 1980
玉米	2.8	0.7	1.6	范国昌等, 2012	0.5	0.1	0.1	NRC, 1978

注：玉米收获损失率只包括了玉米机械摘穗的损失，没有考虑玉米机械籽粒收获损失率。玉米摘穗后经过短距离运输后，所有的收获的玉米穗将被脱粒。这里估算玉米人工收获（摘穗）损失率在 0.1%~0.5%（NRC, 1978），均值为 0.1%。玉米脱粒损失计算将会在玉米穗经过短距离运输到达目的后开始（表 4-4）。

CTL =（作物产量 – CHL）× 作物田间收获到目的地（如农户家庭）运输过程中的损失率

表4-3给出了作物在运输过程中的损失率，表4-4和表4-5分别给出了玉米脱粒损失率和作物干燥损失率。

表4-3 作物田间收获到目的地运输过程中的损失率

作物	运输损失率/%			参考文献
	最大值	最小值	均值	
小麦	0.3	0.03	0.1	宋洪远等，2015
水稻	1.3	0.6	1.0	詹玉荣，1995
玉米	3.0	0.4	0.5	詹玉荣，1995

玉米脱粒损失 =（玉米作物产量 – 玉米CHL – 玉米CTL）× 玉米脱粒机脱粒损失率

表4-4 玉米脱粒机脱粒损失率

作物	脱粒损失率/%			参考文献
	最大值	最小值	均值	
玉米	0.5	0.1	0.2	何晓鹏等，2003

注：基于何晓鹏等（2003）的结果，这里我们估算玉米脱粒损失率在0.1%~0.5%。

CDL =（作物产量 – CHL – CTL）× 作物干燥损失率

表4-5 作物干燥损失率

作物	作物干燥损失/%			参考文献
	最大值	最小值	均值	
小麦	0.2	0.03	0.1	宋洪远等，2015
水稻	0.5	0.1	0.2	胡祥发，2014
玉米	5	0.1	2.0	高影等，2001；杨琴等，2012

注：这里的作物干燥损失不包括作物晾晒过程中的水分损失，只包括作物质量的损失。由于玉米是最主要的饲料粮，但是对玉米损失问题重视程度不够，导致玉米损失较大。

CSL =（作物产量 – CHL – CTL – CDL）×（农户层面作物存储比例 × 农户储粮损失率 + 大型储粮仓库储粮比例 × 大型储粮仓库储粮损失率）

表4-6和表4-7分别给出了农户和大型仓储储粮的比例以及损失，表

4-8 则给出了作物长距离运输的损失率。

表 4-6 农户和大型仓储储粮比例

作物	储粮比例/%		参考文献
	农户	大型粮库	
小麦	50.5	49.5	国家粮食局，2010
水稻	50.5	49.5	国家粮食局，2010
玉米	50.5	49.5	国家粮食局，2010

表 4-7 农户和大型仓储储粮损失比例

作物	农户储粮损失率/%				大型粮库储粮损失率/%			
	最大值	最小值	均值	参考文献	最大值	最小值	均值	参考文献
小麦	15.0	2.1	4.7	【1】	1.5	0.2	0.6	【4】
水稻	10.0	2.3	6.5	【2】	0.8	0.1	0.4	【5】
玉米	12.6	3.2	11.0	【3】	2.0	1.3	1.5	【6】

注：文献【1】【2】【3】【4】【5】【6】参见附件四。

CLTL =（作物产量 - CHL - CTL - CDL - CSL）× 粮食作物长距离运输损失率

表 4-8 粮食作物长距离运输损失率

作物	长距离运输损失率/%			参考文献
	最大值	最小值	均值	
小麦	1.6	0.3	0.8	詹玉荣，1995；
水稻	1.2	0.3	0.7	高影等，2001；
玉米	3.5	0.3	1.0	郭成等，2006

2. 食品链损失计算

$$FCLW = FPLW + FCiLW + FCoLW$$

这里 FCLW 代表了发生在整个食品链上的食物损失；FPLW 代表了来自粮食作物初加工过程中的损失（如小麦磨粉）；一部分初加工的原料可以直接进入家庭环节被消费掉，另一部分进入市场，所以 FCiLW 代表了食品流通中的损失，包括食品批发和零售以及食品加工制造等（表4-9、表4-10）；FCoLW 代表了发生在食物消费环节的损失，包括在家消费损失、在外消费损失。具体计算过程如下：

FPLW =（作物产量 – PHLW）× 作物进入食品链的比例 × 作物初级加工损失率

表 4-9　作物用作食品、饲料、工业以及其他用途的比例

作物	食品/%	饲料/%	工业/%	其他/%	参考文献
小麦	75.1	10.6	10.0	4.3	申洪源，2011
水稻	84.1	8.5	5.4	2.0	刘笑然，2011
玉米	8.7	60.9	29.7	0.7	王晓辉，2011

表 4-10　粮食作物初加工损失率

作物	初加工损失率/%			参考文献
	最大值	最小值	均值	
小麦	1.0	0.1	0.5	估算*
水稻	7.0	3.0	5.1	姜会明等，2007
玉米	1.2	0.8	1.0	袁洪岭，1990；程国华，1991；王永昌，2012

注：*根据专家意见以及 FAO 数据（Gustavsson et al.，2011）综合估算得到。

FCP + FFP =（作物产量 – PHLW – FPLW）

这里 FCP 代表加工过程中的主产品用于居民消费；FFP 代表加工过程中的副产物用作饲料消费（表 4-11~表 4-13）。具体计算过程如下：

FCP =（作物产量 – PHLW – FPLW）× 加工过程中的产品用于居民消费的比例

FFP =（作物产量 – PHLW – FPLW）× 加工过程中的副产品用于饲料消费的比例

100% = 加工过程中的产品用于居民消费的比例 + 加工过程中的副产品用于饲料消费的比例

表 4-11　小麦制粉级别及其出粉率

面粉级别	特一粉/%	特二粉/%	标准粉/%	专用粉/%	其他粉/%	参考文献
分配比例	44.0	25.0	13.0	13.0	5.0	
出粉率	70.0	75.0	85.0	75.0	95.0	李修国，2011*
副产物率	30.0	25.0	15.0	25.0	5.0	

注：*根据专家意见以及李修国（2011）综合得到以上数据。

表 4-12 水稻出米级别所占比重及其出米率

水稻出米级别	三级	二级	一级	糙米	参考文献
所占比重/%	33.1	51.6	14.0	1.3	科学技术部农村科技司，2012
出米率/%	73.0	70.0	55	92	
副产物产出率/%	27.0	30.0	45.0	8.0	

表 4-13 玉米加工出粉率及副产物比重

作物	出粉率	副产物比重	来源
玉米	99.0%	1.0%	估算*

注：*由于玉米是粗纤维食物，因此绝大部分都是可食用的，本研究根据专家建议，玉米磨制过程中可食用部分占到 99.0%，而副产物只有 1.0% 作为饲料。

$$FCiLW = FTPLW + FRMLW + FMLW + FPMLW$$

这里 FTPLW 代表食品原料在运输和包装过程中的损失；FRMLW 代表食品原料在市场中的损失；FMLW 代表食品加工过程中的损失；FPMLW 代表加工食品在市场中的损失（表 4-14 ~ 表 4-17）。具体计算过程如下：

FTPLW = FCP × 食品原料在运输和包装过程中的损失率

表 4-14 食品原料在运输和包装过程中的损失率

食品原料	食品原料运输和包装损失率/%			来源
	最大值	最小值	均值	
面粉	1.4	0.1	0.2	
大米	1.4	0.1	0.2	吴心平等，2011
玉米粉	1.4	0.1	0.2	

注：由于包装运输，损失相对较少，根据国家粮食储备局粮食运输管理规则，以及专家建议，谷物运输和包装过程中的损失较小，平均在 0.1%~0.4%；按照《定量包装商品计量监督管理办法》，1~15 千克重的定量包装商品短缺量应在 150 克以下；15~50 千克的定量包装商品则允许有 1% 的短缺量，也就是说包装损失在 0.001%~0.0%，因此运输和包装的总损失在 0.0%~1.4%。

FRMLW =（FCP-FTPLW）× 食品原料进入市场中的比重 × 食品原料在市场中的损失率

FMLW =（FCP-FTPLW）× 食品原料进入食品加工的比重 × 食品原料在食品加工过程中的损失率

FPMLW = [（FCP-FTPLW）× 食品原料进入食品加工的比重 -

FMLW] × 加工食品在市场中的损失率

100% = 食品原料进入市场中的比重 + 食品原料进入食品加工的比重 + 食品原料进入终端消费中的比重（如家庭和餐饮业）

表 4-15 食品原料流入不同渠道的比重

食品原料	流入不同渠道比重/%			来源
	终端消费	市场	食品加工	
面粉	40.3	42.9	16.8	刘兴信等，2004
大米	38.0	60.0	2.0	孙庆杰，2010
玉米粉	90.0	9.0	1.0	推算*

注：*根据国家粮食局统计资料推算。

表 4-16 食品原料流入市场和终端消费的损失率

食品原料	市场和终端消费的损失率/%				来源
	终端消费	市场			
		最大值	最小值	均值	
面粉	0.0	0.5	0.0	0.4	市场和零售企业访谈
大米	0.0	0.5	0.0	0.4	
玉米粉	0.0	0.5	0.0	0.4	

注：各企业或者市场的损耗率指标设定均较为严格，接近97%的企业损耗率指标低于0.5%，其中近54%的企业的损耗率指标更是设定在0.3%以下。这里终端消费损失率设定为0，主要是考虑食品原料流入终端消费中的损失应该合并在消费环节的损失中计算。

表 4-17 食品原料流入食品加工损失率以及所加工的产品在市场中的损失率

食品/原料	食品原料流入食品加工损失率/%				加工的产品在市场中的损失率/%			
	最大值	最小值	均值	来源	最大值	最小值	均值	来源
面粉	8.0	1.0	5.0	烘焙行业人员访谈	5.0	2.0	3.0	超市人员访谈
大米	8.0	1.0	5.0		5.0	2.0	3.0	
玉米粉	8.0	1.0	5.0		5.0	2.0	3.0	

$$FCoLW = FCHLW + FCOLW$$

这里 FCHLW 代表家庭食物损失包括食物储藏、烹饪以及餐桌损失等；FCOLW 代表食物在外消费损失包括餐馆、食堂中的储藏、烹饪以及餐桌损失等（表 4-18~表 4-21）。具体计算过程如下：

$$FCHLW = FCHsLW + FCHpLW + FCHeLW$$

这里 FCHsLW 代表食品在家庭储藏过程中的损失；FCHpLW 代表食品在家庭烹饪过程中的损失；FCHeLW 食品在家庭餐桌上的损失。具体计算过程如下：

$$100\% = 食品进入家庭比重 + 食品进入餐饮业比重$$

表 4-18　食品进入家庭和餐饮业所占比重

食品	食品进入家庭/%		食品进入餐饮业/%	
	比重	来源	比重	来源
面粉	66.7		33.3	
大米	50.0	调研数据	50.0	调研数据
玉米粉	99.0		1.0	

$$FCHsLW = (FCP-FCiLW) \times 食品进入家庭比重 \times 食品在家庭储藏过程中的损失率$$

表 4-19　家庭食品储藏环节损失率

食品	家庭储藏环节损失率/%			来源
	最大值	最小值	均值	
面粉	2.0	0.0	1.0	
大米	0.1	0.0	0.05	家庭调研
玉米粉	0.1	0.0	0.05	

$$FCHpLW = [(FCP - FCiLW) \times 食品进入家庭比重 - FCHsLW] \times 家庭烹饪过程中的损失率$$

表 4-20　家庭烹饪环节中的损失率

食品	家庭环节烹饪损失率/%			来源
	最大值	最小值	均值	
面粉	0.1	0.0	0.05	估算
大米	0.1	0.0	0.05	估算
玉米	0.1	0.0	0.05	估算

注：根据家庭环节食物消费调研估算。

FCHeLW = [(FCP - FCiLW) × 食品进入家庭比重 - FCHsLW - FCHpLW] × 家庭餐桌食物损失率

表 4-21　家庭餐桌环节中的损失率

食品	家庭餐桌损失率/%			来源
	最大值	最小值	均值	
面粉	5.0	0.0	1.0	
大米	6.0	0.0	2.2	调研数据
玉米	10.0	0.0	6.4	

FCOLW = FCOsLW + FCOpLW + FCOeLW

这里 FCOsLW 代表餐饮业中食物储存环节中的损失；FCOpLW 代表餐饮业中食物烹饪环节中的损失；FCOeLW 餐饮业中食物餐桌上的损失（表4-22~表4-24）。具体计算过程如下：

FCOsLW = (FCP - FCiLW) × 食品进入餐饮业比重 × 餐饮业中食物储存环节中的损失率

表 4-22　餐饮业中食物储藏过程中的损失率

食品	储藏损失率/%			来源
	最大值	最小值	均值	
面粉	2.0	0.1	0.9	
大米	2.5	0.5	2.0	调研数据
玉米	1.1	0.1	0.5	

FCOpLW = [(FCP - FCiLW) × 食品进入餐饮业比重 - FCOsLW] × 餐饮业中食物烹饪环节中的损失率

表 4-23　餐饮业中食物烹饪环节中的损失率

食品	烹饪损失率/%			来源
	最大值	最小值	均值	
面粉	0.1	0.0	0.05	
大米	0.1	0.0	0.05	估算
玉米	0.1	0.0	0.05	

FCOeLW = [（FCP − FCiLW）× 食品进入餐饮业比重 − FCOsLW − FCOpLW] × 餐饮业餐桌食物损失率

表 4-24　餐饮业中餐桌食物损失率

食品	餐桌食物损失率/%			来源
	最大值	最小值	均值	
面粉	20.0	0.0	12.0%	
大米	33.3	0.0	16.0%	调研数据
玉米	20.0	0.0	10.0%	

$$FC = FCP − FCiLW − FCoLW$$

这里 FC 代表了真正被吃掉的食物数量

3. 饲料链损失计算

$$FeLW = FePLW + FFPLW + InBLW$$

这里 FePLW 代表饲料粮加工、储存以及运输等过程中的损失；FFPLW 代表食品原料加工过程中副产物作饲料在生产、储藏以及运输等过程中的损失；InBLW 食品工业加工过程中副产物作饲料生产、储藏以及运输等过程中的损失（表 4-25~表 4-28）。具体计算过程如下：

FePLW =（作物产量 − PHLW）× 作物用作饲料粮比重 × 饲料粮在加工、储藏以及运输过程中的损失率

表 4-25　饲料粮在加工、储藏以及运输过程中的损失率

作物	加工、储藏以及运输过程中的损失率/%			来源
	最大值	最小值	均值	
小麦	3.0	0.3	1.3	
水稻	3.0	0.3	1.3	专家咨询
玉米	3.0	0.3	1.3	

注：咨询饲料加工相关专家给出的建议。

FFPLW = FFP × 食品原料加工过程中副产物作饲料在生产、储藏以及运输等过程中的损失率

表 4-26　食品原料加工过程中副产物作饲料在生产、储藏以及运输等过程中的损失率

食品原料	生产、储藏以及运输等过程中的损失率/%			来源
	最大值	最小值	均值	
小麦副产物	1.5	1.0	1.3	专家咨询
水稻副产物	1.5	1.0	1.3	
玉米粉	50.0	10.0	30.0	估算

注：小麦加工的副产物主要是麦麸、次粉等，主要是用来做饲料使用，其他用途所占比例非常小，因此这里没有考虑。水稻副产物主要是稻壳和米糠主要用来做饲料，其他用途所占比例非常小，因此这里没有考虑。玉米副产物主要是加工制粉过程中在机器中残留的部分，由于收集利用率较低，因此损失比例较高。小麦、水稻加工副产物作饲料损失咨询饲料加工相关专家给出的建议。

InBLW = （作物产量 − PHLW）× 作物用做工业加工的比重 × 食品工业加工过程中副产物作饲料生产、储藏以及运输等过程中的损失率

表 4-27　食品工业加工过程中酒糟作饲料生产、储藏以及运输等过程中的损失率

副产物	酒糟生产、储藏以及运输等过程中的损失率/%			来源
	最大值	最小值	均值	
小麦酒糟	30.0	10.0	25.0	
水稻酒糟	30.0	10.0	25.0	估算
玉米酒糟	30.0	10.0	25.0	

注：小麦、水稻和玉米做工业产品主要用途为酒精、乙醇和淀粉生产以及其他工业产品，副产物主要是酒糟、生产淀粉副产物以及其他工业产品副产物。以上副产物主要用作饲料产品（李建等，2013），但是由于酒糟容易腐败变质，因此损失和浪费比例较高。基于专家估算，小麦、水稻和玉米工业产品副产物损失平均在25%左右。

表 4-28　食品工业加工过程中淀粉和其他工业产品副产物作饲料生产、储藏以及运输等过程中的损失率

副产物	淀粉和其他工业产品副产物作饲料生产、储藏以及运输等过程中的损失率/%			来源
	最大值	最小值	均值	
小麦副产物	1.5	1.0	1.3	
水稻副产物	1.5	1.0	1.3	估算
玉米副产物	1.5	1.0	1.3	

注：基于专家估算，小麦、水稻和玉米生产淀粉和其他工业产品的副产物损失与生产食物产品副产物损失类似。

100% = 作物进入食品链的比例 + 作物用作饲料粮比重 + 作物用作工业加工比重 + 作物用作种植和其他比重

$$FeT = FeP + FFeP + InBe + FMe + FCOe$$

这里 FeT 代表食物系统中饲料消费总量；FeP 代表饲料粮加工数量；FFeP 代表作物加工过程中副产物做饲料的数量；InBe 代表作物工业加工过程中副产物做饲料的数量；FMe 代表食品加工过程中的剩余物做饲料的数量；FCOe 代表餐饮业中食物消费中被浪费掉的食物做饲料的数量（表4-29～表4-33）。具体计算过程如下：

FeP =（作物产量 − PHLW）× 作物用作饲料粮比重 − FePLW

FFeP =（FFP − FFPLW）× 作物加工副产物做饲料比重

表4-29 作物加工过程中副产物做饲料粮比重

副产物	作物加工过程中副产物做饲料粮比重/%		来源
	饲料	其他	
小麦副产物	90.0	10.0	
水稻副产物	90.0	10.0	估算
玉米副产物	100.0	0.0	

注：根据专家意见获得以上数据，其他副产物指的是流向工业链。

100% = 作物加工副产物作饲料比重 + 作物加工副产物作其他用途比重

InBe = [（作物产量 − PHLW）× 作物用作工业加工比重 × 作物用作工业加工副产物产量比重 − InBLW] × 作物工业加工过程中副产物做饲料比重

表4-30 作物工业加工过程中主产品和副产品比重

主副产品	主产品和副产品比重/%		来源
	主产品	副产品	
淀粉生产	50.0	50.0	金树人等，2005
酒精/乙醇生产	28.6	71.4	史劲松等，2007
其他产品生产	20.0	80.0	董延丰，2010

表 4-31 作物工业加工过程中副产物做饲料和其他用途的比重

副产物	副产物做饲料和其他用途的比重/%		来源
	饲料	其他	
淀粉生产	80.0	20.0	
酒精/乙醇生产	90.0	10.0	估算
其他产品生产	99.0	1.0	

注：根据专家意见估算。

100% = 作物用作工业加工副产品产量比重 + 作物用作工业加工主产品产量比重

100% = 作物工业加工过程中副产物做饲料比重 + 作物工业加工过程中副产物做其他用途比重

FMe =（FCP - FTPLW）× 作物初级加工产品进入食品加工中的比重 × 作物初级加工产品在食品加工过程中的损失率 × 食品制造加工过程中损失食物循环作饲料的比例

表 4-32 食品制造加工过程中损失食物循环作饲料的比例

食品制造加工	损失食物循环作饲料的比例/%	来源
面粉类	1.0	
大米类	0.1	调研数据
玉米类	0.1	

注：食品制造加工过程中损失食物如饼干、方便食品等收集利用后用作动物饲料，目前这部分比例是非常低的，大部分损失成为城市固体垃圾。数据基于各类食品加工厂调研确定。

FCOe = [（FCP - FCiLW）× 食品进入餐饮业比重 - FCOsLW - FCOpLW] × 餐饮业中的食物损失率 × 餐饮业中损失食物做饲料的比重

表 4-33 餐饮业中损失食物做饲料的比重

食品	餐饮业中损失食物做饲料的比重/%	来源
面食	15.0	调研数据
米食	30.0	调研数据
玉米	1.0	调研数据

注：餐饮业中损失食物有一部分会流入动物养殖系统中作为饲料，这部分数据通过调研获得。

4. 工业链损失计算

$$InLW = InSLW + InAELW + InOLW$$

这里 InSLW 代表淀粉工业加工中的淀粉损失；InAELW 代表工业加工中的酒精和乙醇损失；InOLW 代表工业加工中其他出产品损失（表 4-34~表 4-35）。具体计算过程如下：

表 4-34 工业加工中各种主产品损失比重

主产品	主产品损失比重/%			来源
	最大值	最小值	均值	
淀粉	0.5	0.1	0.2	
酒精和乙醇	0.1	0.01	0.05	调研
其他	0.5	0.1	0.2	

注：工业加工中的各种主产品损失率都比较低，数据通过调研相关加工厂获得。

表 4-35 初级产品用于加工淀粉、酒精和乙醇及其他产品的比重

产品	初级产品用于加工淀粉、酒精和乙醇及其他产品的比重/%			来源
	淀粉	酒精和乙醇	其他	
小麦	54.3	35.7	10.0	金树人等，2005
水稻	0.5	99.0	0.50	史劲松等，2007；张扬健等，2009
玉米	57.0	29.0	14.0	李北等，2011

InSLW =（作物产量 – PHLW）×（crop yield – PHLW）× 作物用作工业加工比重 × 工业加工中作物用作淀粉生产比重 × 作物生产淀粉产出效率 × 淀粉生产过程中损失率

100% = 作物生产淀粉比重 + 作物生产淀粉副产物比重

InS =（作物产量 – PHLW）× 作物用作工业加工比重 × 工业加工中作物用作淀粉生产比重 – InSLW

这里 InS 代表实际淀粉总产量

InSBLW =（作物产量 – PHLW）× 作物用作工业加工比重 × 工业加工中作物用作淀粉生产比重 × 淀粉生产副产物产出效率 × 淀粉生产副产物产量损失率

InSB =（作物产量 – PHLW）× 作物用作工业加工比重 × 工业加工中作物用作淀粉生产比重 × 淀粉生产副产物产出效率 – InSBLW

这里 InSB 代表淀粉副产物实际产量。

InAELW =（作物产量 – PHLW）× 作物用作工业加工比重 × 工业加工

中作物用作酒精和乙醇生产比重×酒精和乙醇产出效率×酒精和乙醇生产损失率

100% = 酒精和乙醇生产比重 + 酒精和乙醇生产过程中副产物比重

InAE = (作物产量 – PHLW)×作物用作工业加工比重×工业加工中作物用作酒精和乙醇生产比重×酒精和乙醇产出效率 – InAELW

这里 InAE 代表酒精和乙醇的实际产量。

InAEBLW = (作物产量 – PHLW)×作物用作工业加工比重×工业加工中作物用作酒精和乙醇生产比重×酒精和乙醇生产过程中副产物产出效率×酒精和乙醇生产过程中副产物的损失率

这里 InAEBLW 代表酒精和乙醇生产过程中副产物的损失数量。

InAEB = (作物产量 – PHLW)×作物用作工业加工比重×工业加工中作物用作酒精和乙醇产出效率×酒精和乙醇生产过程中副产物比重 – InAEBLW

这里 InAEB 代表酒精和乙醇生产过程中副产物实际产量。

InOLW = (作物产量 – PHLW)×作物用作工业加工比重×工业加工中作物用作其他用途产品比重×其他用途产品产出效率×其他用途产品生产损失率

100% = 工业加工中其他产品生产产出效率 + 工业加工中其他产品副产物生产产出效率

这里 InOLW 代表工业加工中其他产品生产损失量。

InO = (作物产量 – PHLW)×作物用作工业加工比重×工业加工中作物用作其他用途产品比重×其他用途产品产出效率 – InOLW

这里 InO 代表工业加工中作物用作其他用途产品实际产量。

InOBLW = (作物产量 – PHLW)×作物用作工业加工比重×工业加工中作物用作其他用途产品比重×工业加工中作物用作其他用途产品副产物产出效率×工业加工中作物用作其他用途产品副产物损失率

这里 InOBLW 代表工业加工中作物用作其他用途产品副产物损失量。

InOB = (作物产量 – PHLW)×作物用作工业加工比重×工业加工中作物用作其他用途产品比重×工业加工中作物用作其他用途产品副产物产出效率 – InOBLW

这里 InOB 代表工业加工中作物用作其他用途产品副产物实际产量。

100% = 工业加工中作物用作淀粉生产比重 + 工业加工中作物用作酒精和乙醇生产比重 + 工业加工中作物用作其他用途产品比重

$$InT = InS + InAE + InO$$
$$INBT = InSB + InAEB + InOB$$
$$InLW = InSLW + InAELW + InOLW$$
$$InBLW = InSBLW + InOBLW + InAEBLW$$

这里 InT 代表工业加工过程中所有主产品的总产量；INBT 代表工业加工过程中所有副产物的总产量；InLW 代表工业加工过程中所有主产品的总损失量；InBLW 代表工业加工过程中所有副产品的总损失量。

InT + INBT + InLW + InBLW =（作物产量 − PHLW）× 作物用作工业加工比重

InTF = InS × 淀粉流向食品链比重 + InAE × 酒精和乙醇流向食品链比重 + InO × 工业加工中作物用作其他用途产品流向食品链比重

InTFLW = InTF × 工业加工产品流向食品链损失率

这里 InTF 代表工业加工中的主产品流向食品链中的总量；InTFLW 代表工业加工中的主产品流向食品链中的损失量（表 4-36~表 4-38）。

表 4-36 工业加工主产品流向食品链比重

主产品	工业加工主产品流向食品链比重/%			来源
	食品链	加工链	总计	
淀粉	70.0	30.0	100	中国产业信息网，2014
酒精和乙醇	66.7	33.3	100	史劲松等，2007；张扬健等，2009
其他	10.0	90.0	100	估算

注：淀粉流向食品链比重主要来源于中国产业信息网；酒精和乙醇数据通过文献报道资料获得；其他主产品流向食品链比例是根据相关领域专家对产业发展情况估算得到。

表 4-37 工业加工主产品流向食品链中的损失率

主产品	工业加工主产品流向食品链损失率/%			来源
	最大值	最小值	均值	
淀粉	25.0	15.0	20.0	
酒精和乙醇	20.0	10.0	15.0	调研数据
其他	3.0	1.0	1.5	

100% = 淀粉生产流向食品链比例 + 淀粉生产流向工业链比例

100% = 酒精和乙醇生产流向食品链比例 + 酒精和乙醇生产流向工业链比例

100% = 工业加工其他主产品生产流向食品链比例 + 工业加工其他主产品生产流向工业链比例

INBTFe = InSB × 淀粉生产副产物用作饲料比重 + InAEB × 酒精和乙醇生产副产物用作饲料比重 + InOB × 工业加工其他主产品生产副产物用作饲料比重

这里 INBTFe 代表总的工业加工副产物用作饲料的数量即 InBe。

100% = 淀粉生产副产物用作饲料比重 + 淀粉生产副产物用作其他用途比重

100% = 酒精和乙醇生产副产物用作饲料比重 + 酒精和乙醇生产副产物用作其他用途比重

100% = 工业加工其他主产品生产副产物用作饲料比重 + 工业加工其他主产品生产副产物用作其他用途比重

5. 种用链

SOLW =（作物产量 − PHLW）× 作物用作种子用途的比重 × 作物用作种子用途损失率

SO =（作物产量 − PHLW）× 作物用作种子用途的比重 × − SOLW

这里 SO 代表作物实际用作种子用途数量。

表 4-38　作物用作种子用途的损失率

种类	作物用作种子用途的损失率/%			来源
	最大值	最小值	均值	
小麦	0.1	0.0	0.05	
玉米	0.1	0.0	0.05	估算
水稻	0.05	0.0	0.01	

注：根据专家意见估算。

（六）供应链减损敏感性分析

以 2010 年为基准年，通过筛选影响主要粮食作物损失的主要指标，分析每个指标变化对供应链食物损失的敏感性差异。表 4-39 重点针对产后环节、食品链以及饲料链等筛选出 13 个影响供应链食物损失足迹的主要指标，并且按照管理、技术和政策等因素对所选指标进行分类。

敏感性分析：针对所筛选出的指标，分析每个指标在固定变化区间内（例如损失减少 1.0%，出粉率提高 1% 等）对供应链食物损失的影响程度，对比分析所选指标的改变以及变化对供应链食物损失足迹的敏感程度差异，从管理、技术和政策层面系统性提出主要粮食作物供应链减损的政策建议。

表 4-39 敏感性分析指标筛选及变化设置

子系统	指标	所属因素	变化	小麦/%	水稻/%	玉米/%
产后环节	机械收获率	政策	提高比例	1.0	1.0	1.0
	机械收获损失	技术	减少比例	1.0	1.0	1.0
	储藏模式比重	政策	粮库储藏比例增加	1.0	1.0	1.0
	农户储藏损失	技术	减少比例	1.0	1.0	1.0
食品链	初级加工损失	技术	减少比例	1.0	1.0	1.0
	食品加工损失	管理	减少比例	1.0	1.0	1.0
	食品销售损失	管理	减少比例	1.0	1.0	1.0
	家庭储藏损失	管理	减少比例	1.0	1.0	1.0
	家庭餐桌消费损失	政策	减少比例	1.0	1.0	1.0
	餐饮业储藏损失	管理	减少比例	1.0	1.0	1.0
	餐饮业餐桌消费损失	政策	减少比例	1.0	1.0	1.0
饲料链	饲料粮加工、储藏和运输损失	管理	减少比例	1.0	1.0	1.0
	餐饮业食物损失作饲料	政策	提高比例	1.0	1.0	1.0

（七）供应链减损情景设置

重点围绕主要粮食作物供应链不同环节的损失，设置不同减损情景。基于 2010 年不同环节粮食作物损失特征及其可能的减损潜力，情景设置重点围绕机械收获率、机械收获损失、储藏模式比重、农户储藏损失、初级加工损失、餐饮业餐桌消费损失以及饲料粮加工、储藏和运输损失和餐饮业食物损失作饲料比例等 8 个指标，以 2010 年为基准年，通过设置不同情景分析我国主要粮食作物在供应链条上的减损潜力。情景设置参见表4-40。

表4-40 主要粮食作物供应链减损情景设置

情景	设置环节	情景设置说明
情景1	产后环节	2010年在其他条件不变的情况下，机械收获率提高10%
情景2	产后环节	2010年在其他条件不变的情况下，机械收获损失降低50%
情景3	产后环节	2010年在其他条件不变的情况下，农户储粮比例降低50%
情景4	产后环节	2010年在其他条件不变的情况下，农户储粮损失降低50%
情景5	食品链	2010年在其他条件不变的情况下，初加工损失降低50%
情景6	食品链	2010年在其他条件不变的情况下，餐饮业餐桌损失降低50%
情景7	饲料链	2010年在其他条件不变的情况下，饲料粮加工、储藏和运输损失降低50%
情景8	饲料链	2010年在其他条件不变的情况下，餐饮业食物损失作饲料比例提高50%
情景9	产后环节	情景1~情景4的综合情景
情景10	食品链	情景5~情景6的综合情景
情景11	饲料链	情景7~情景8的综合情景
情景12	最优情景	情景1~情景8的综合情景

三、结果与分析

（一）供应链食物足迹流动特征

研究重点分析了我国小麦、水稻和玉米等主要粮食作物供应链食物流动足迹，重点分析了食品足迹、饲料足迹、工业产品足迹、种子足迹以及损失足迹等5种足迹类型，三种粮食作物之间食物足迹变异较大。图4-2给出了2010年中国主要粮食作物在不同食物足迹中的分配特征。总体来看，食品链足迹和饲料链足迹所占比重较高，二者之和所占足迹占到总足迹（三种粮食作物均值）的77.6%~80.3%。其次是总损失足迹，工业产品链和种子链中足迹占比最小。

从不同类型食物足迹来看，食品链足迹在小麦和水稻中占比较高，最终流向食品消费的足迹均值分别达到50.5%和45.8%，但是玉米中占比较小为12.7%,这也是以上三种粮食作物最终真正意义上被吃掉的比重;饲料链中,小麦、水稻和玉米足迹占比分别为29.8%、31.8%、66.4%,这也是以上三种粮食作物最终实际进入动物生产系统的比重。由于玉米是最主要的饲料粮作物,所以占比较高。工业产品链和种子链中足迹所占比重较小,分别占到3.6%、3.0%、5.4%和4.0%、1.8%、0.6%;食物损失足迹遍布于整个产业链的各个环节和过程之中,所占比重分别占到12.1%、17.5%、14.8%,要远远高于进入工业产品链和种子链中的足迹(图4-2)。

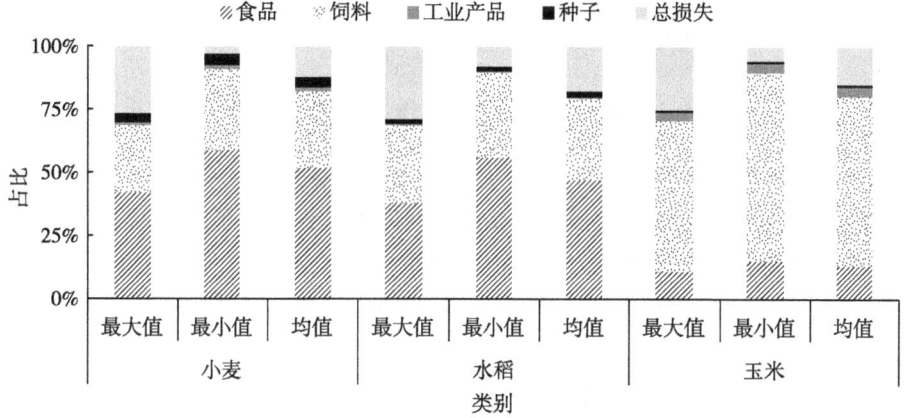

图4-2 2010年我国主要粮食作物供应链食物足迹

(二)供应链食物损失特征

从供应链食物损失足迹来看。食物损失足迹主要分布在产后环节、食品链、饲料链、工业链以及种用链等5个链条中。三种粮食作物供应链食物损失足迹变异较大,总体来看,水稻总损失足迹最高,其次是玉米,小麦损失足迹最小。三种粮食作物在供应链中的总损失率均值分别为12.1%、17.5%、14.8%,其中最高分别可达26.1%、28.1%、25.0%,最小值分别为3.0%、7.6%、5.6%,这也说明如果达到最理想的状况,三种粮食损失率可以分别降低23.0%、20.5%、19.4%,可以大大提高粮食作物的供给效率。

从粮食作物各种损失足迹所占比重来看。由图4-3和图4-4可以看出,食物损失足迹主要分布在作物产后环节和食品链环节,小麦、水稻和玉米三种作物产后损失率6.8%、8.9%、10.2%,分别占到总损失率的56.1%、

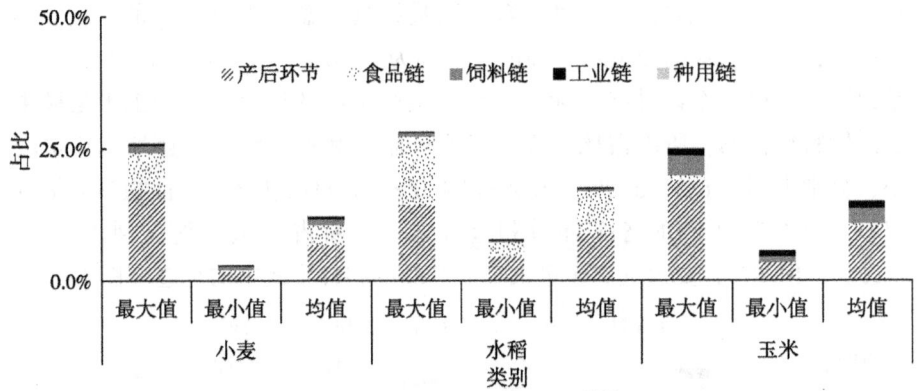

图 4-3 2010 年中国主要粮食作物供应链食物损失率

50.8%、68.6%，可见产后环节作物损失问题需要引起足够重视。食品链环节损失率分别 3.8%、8.0%、0.6%，分别占到总损失率的 31.6%、45.9%、4.1%，可见食物消费也成为食物损失的主要途径之一；饲料链损失足迹较少，但是在玉米中相对较多，损失率在 2.7%，占玉米总损失的 18.5%；工业链和种用链损失最少，两者之和损失率为 0.5%、0.1%、1.3%，占总损失率的 3.8%、0.8%、8.8%。

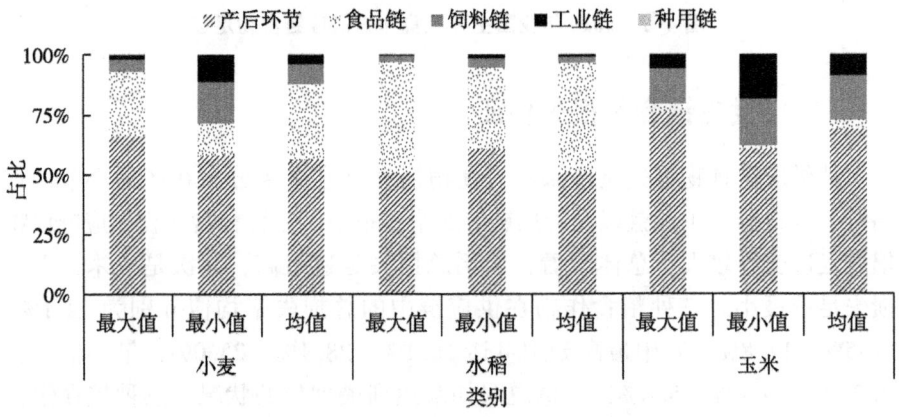

图 4-4 2010 年中国主要粮食作物供应链食物损失所占比重

（三）供应链食物足迹流动数量特征

基于中国小麦、水稻和玉米作物产量数据，结合本研究中主要粮食作物流动足迹特征数据，分析了 2010 年中国主要粮食作物流动足迹数量特征。由图 4-5 可以看出，与食物流动足迹特征相似，不同粮食作物之间流动数量差异较大。总体来看，由于小麦、水稻和玉米产量之间差异较大，导致不同类型流动足迹数量有所变化。其中饲料流动数量最高，其次是食品，总损失排在食品之后。

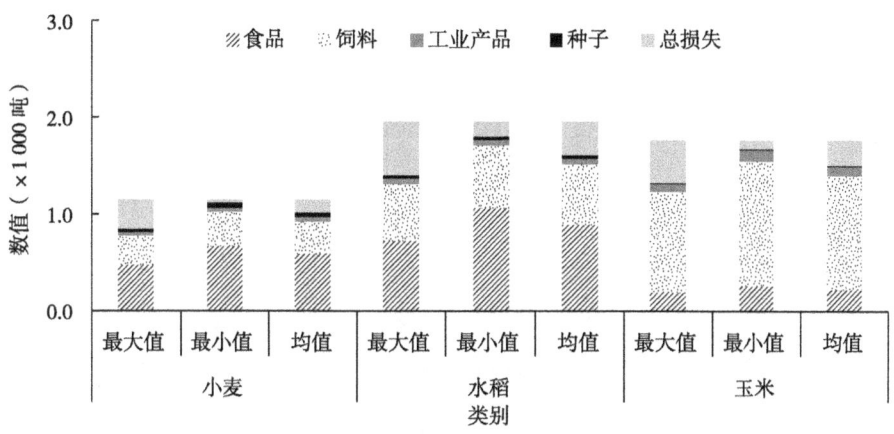

图 4-5 2010 年中国主要粮食作物供应链食物足迹流动数量

从分种类来看，2010 年中国小麦、水稻和玉米最终流入动物养殖系统的饲料数量分别为 3 436.0 万吨、6 232.8 万吨和 11 776.2 万吨，总计为 21 445.1 万吨，占到谷物总产量的 43.9%；最终流入食品链被消费掉的绝对数量差别较大，均值分别达到 5 817.9 万吨、8 963.8 万吨和 2 253.5 万吨，也就是 2010 年我国居民主要粮食作物消费总量为 17 035.2 万吨，占到谷物总产量的 34.9%；三种谷物损失数量分别为 1 390.7 万吨、3 430.1 万吨和 2 626.3 万吨，总损失量占到谷物总产量的 15.3%；工业产品和种子流动数量较小，二者总的流动量之和只占到谷物总产的 5.9%。

（四）供应链食物损失足迹流动数量特征

基于我国小麦、水稻和玉米作物产量数据，结合本研究中主要粮食作物流动损失足迹特征数据，分析了 2010 年我国主要粮食作物流动损失足迹数量特征。由图 4-6 可以看出，总体来看，2010 年我国小麦、水稻和玉米损失数量差异较大，其中，水稻损失数量较高，小麦总损失数量最少，玉米居中，三者损失量均值分别为 3 430.1 万吨、2 626.3 万吨和 1 390.7 万吨，总损失数量达到7 447.2万吨。品种内部损失变异较大，其中，水稻损失数量最高可以达到5 503.7万吨，最小为1 493.7万吨；玉米损失数量最高可以达到4 433.0万吨，最小为989.6万吨；小麦损失数量最高可以达到305.0万吨，最小为351.0万吨；三种谷物损失最高可以达到12 941.7万吨，最少也在2 834.4万吨，在最理想的状态下的减损可以超过1.0亿吨。

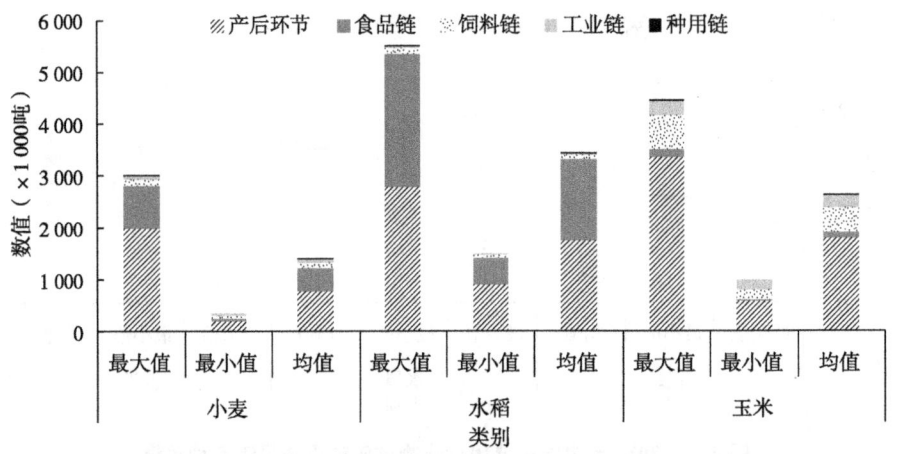

图4-6　2010年中国主要粮食作物供应链食物损失足迹流动数量

从不同损失足迹来看，产后环节损失足迹最高，2010年损失数量达到4 324.6万吨，占到总损失的58.1%；其中，产后环节中玉米损失足迹最高，达到1 802.2万吨；其次是水稻，为1 742.8万吨；小麦最少，只有779.6万吨。其次是食品链环节损失，2010年损失数量达到2 119.8万吨，占到总损失的28.5%；其中水稻损失最高，达到1 573.2万吨；其次是小麦和水稻损失，分别为440.1万吨和106.5万吨。饲料链损失排在食品足迹损失之后，2010年损失数量达到691.3万吨，占到总损失的9.3%；其中玉米损失足迹最高，达到486.7万吨；小麦和水稻损失足迹分别为118.3万吨和86.2万吨。工业产品和种子足迹最小，二者之后占比仅为4.2%，总损失足迹为311.5万吨，损失主要来源于玉米工业加工的损失。

（五）供应链食物减损敏感性分析

通过筛选主要粮食作物供应链主要指标，分析了三种粮食作物每个指标变动对食物损失足迹影响的敏感程度。由图4-7可以看出，不同指标对作物损失足迹的影响差异较大，但是总体来看产后环节对损失足迹的整体影响百分比要高于食品链和饲料链。

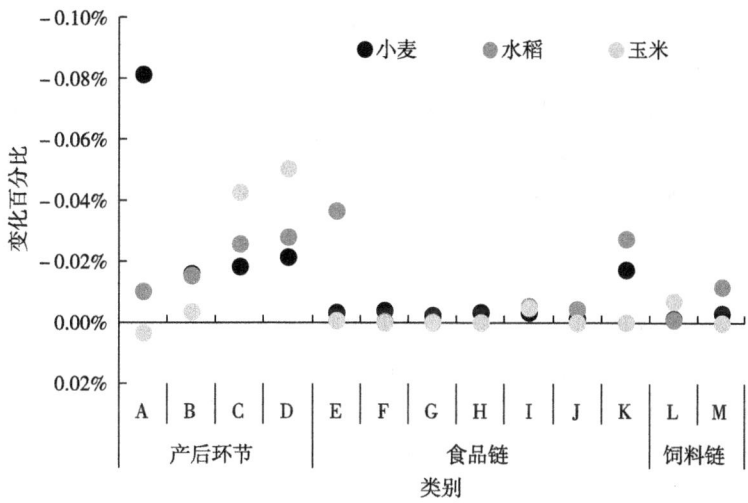

图 4-7　主要粮食作物供应链主要指标变动 1.0% 对供应链损失足迹的影响百分比

（注：A 代表机械收获率，B 代表机械收获损失，C 代表储藏模式比重，D 代表农户储藏损失，E 代表初级加工损失，F 代表食品加工损失，G 代表食品销售损失，H 代表家庭储藏损失，I 代表家庭餐桌消费损失，J 代表餐饮业储藏损失，K 代表餐饮业餐桌消费损失，L 代表饲料粮加工、储藏和运输损失，M 代表餐饮业食物损失作饲料）

产后环节中，基于各个指标 1.0% 的改变，其中，储藏模式比重和农户储藏损失指标变化对三种粮食作物损失足迹影响的敏感性程度均相对较大，三种粮食作物影响的平均值变化分别 -0.029%、-0.033%；机械收获率增加 1.0%，对小麦损失足迹影响敏感程度最高，达到 -0.081%，其次是水稻为 -0.010%，玉米为正值（0.003%），是因为玉米机械收获损失率要高于人工收获损失率，最终导致结果为正；机械收获损失降低 1.0%，对小麦和水稻影响的程度相当，分别为 -0.016% 和 -0.015%，但是对玉米影响较小为 -0.004%，主要原因也是因为玉米机械收获比重较小（26.0%），对最终结果的影响较小。

食品链环节中，初级加工损失率降低 1.0%，对水稻的影响较大，为 -0.037%，而对小麦和玉米的影响较小。其主要原因就是小麦初级加工主要是制粉，技术已经非常成熟，玉米基本以磨粉为主，损失率均比较小；但是由于水稻初级加工过程主要以小作坊式的加工居多，导致水稻初级加工综合损失率较高。餐饮业中餐桌主食消费主要以米面为主，因此餐饮业中餐桌消费损失降低1.0%，对小麦和水稻的影响比较大，分别为-0.017%和-0.027%。其他指标由于损失率都较低，因此损失减少1.0%，对损失足迹影响的敏感程度都较小。

在饲料链中，由于玉米是主要的饲料粮作物，因此主要是玉米加工、运输和储藏的损失率变化对损失足迹影响的敏感度较高，为-0.007%。此外，餐饮业餐桌食物消费损失作饲料比重的变化对水稻（大米）的影响最高，其次是小麦（面粉），玉米由于在餐饮业中消费很少，因此影响程度最小。

因此，未来设计供应链食物减损策略时应该重点考虑产后损失环节，包括损失率较高的损失率指标，如机械收获损失率、农户储藏损失率等；包括食物分配指标，如增加粮库储粮比重，增加农户科学储粮比重，减少农户储粮比重等。还需要考虑食品链中损失率较高的环节，包括餐饮业餐桌消费环节以及食物损失循环利用环节等。

（六）供应链食物减损情景分析

以2010年为基准年，通过设置不同情景，分析了我国主要粮食作物供应链减损潜力。由表4-41可以看出，不同情景下小麦、水稻和玉米在供应链中的不同环节减损潜力差异较大，其中产后环节减损潜力最大，其次是食品链，减损潜力最小的为饲料链。

最优情景下（情景12），三种作物减损潜力达到2 837.6万吨，损失足迹较2010年基准年减少38.1%。产后情景（情景1~情景4，情景9）减损潜力较大，综合情景下（情景9）三种作物减损潜力为1 624.0万吨，产后损失足迹较2010年基准年减少37.6%；其次是食品链情景（情景5~情景6，情景10），综合情景下（情景10），三种作物减损潜力为760.9万吨，食品链损失足迹较2010年基准年减少35.9%；饲料链减损潜力最小，综合情景下（情景11），三种作物减损潜力为212.9万吨，饲料链损失足迹较2010年基准年减少30.8%。

表4-41 不同情景下主要粮食作物供应链减损潜力　　（单位：万吨）

情景	小麦	水稻	玉米	总计
情景1	106.8	33.6	-22.8*	117.6
情景2	91.9	151.1	31.6	274.5

(续表)

情景	小麦	水稻	玉米	总计
情景 3	107.7	257.7	386.5	751.9
情景 4	123.5	274.6	447.5	845.6
情景 5	19.1	359.2	6.4	384.7
情景 6	99.7	268.4	0.7	368.8
情景 7	7.4	9.9	63.0	80.3
情景 8	17.6	115.0	0.0	132.6
情景 9	382.1	609.9	632.1	1 624.0
情景 10	119.0	634.8	7.1	760.9
情景 11	25.0	124.9	63.0	212.9
情景 12	564.8	1 545.8	727.1	2 837.6

注：* 玉米为负值的主要原因是玉米机械化收获（摘穗）损失率要高于人工收获（摘穗）损失率。不同情景设置的具体内容参加表。

四、讨论

本研究基于物质流分析方法以及农产品流动特征，建立了一种分析和量化中国农产品在供应链中流动足迹及损失足迹的新方法，系统揭示了我国主要粮食在供应链中的流动特征。该方法通过甄别供应链中的主要损失环节以及分配环节，建立损失参数和分配参数数据库，最终达到测算供应链流动特征和损失特征的目的。这是一种测算粮食作物从生产到消费全过程重量分配的方法，包括作物资料、初级加工原料、主产品和副产物等在不同环节中的分配。可以作为一种有效评价我国主要粮食作物在供应链中流动效率的方法。

利用该方法，本研究计算了 2010 年我国主要粮食作物损失足迹特征。结果显示，2010 年小麦、水稻和玉米在供应链中的总损失率为 12.1%、17.5% 和 14.8%，谷物平均损失率为 15.3%，与 Liu 等（2013）估算的谷物损失率相比较（19.0%±5.8%），本研究的结果在合理范围之内，在一定程度上说明本研究方法及结果的有效性和可靠性。

进一步对比分析了国内外在产后环节和消费环节中的谷物损失情况。其中在产后环节、食品链损失率分别为 6.8% 和 3.8%、8.9% 和 8.0%、

10.2%和0.6%，与欧美等发达国家先比，中国粮食作物产后损失率仍然处于高位（发达国家粮食作物产后损失率是4%~6%），尤其是农户储藏环节，要高于联合国粮农组织5%的储粮损失标准，这从另一侧面说明中国粮食产后损失的减损空间依然较大。中国粮食作物产后损失率要低于亚、非以及拉丁美洲等欠发达的国家和地区（表4-42）；与此相反，欧美等发达国家在谷物消费环节损失率非常高，要远远高于我国谷物消费损失率，但是中国谷物消费环节损失要高于撒哈拉沙漠以南的非洲和南亚和东南亚的国家和地区（表4-42）。这从一定程度上反映出不同经济发展水平对谷物损失的影响路径有所差异。

表4-42 全球不同地区谷物产后环节以及消费环节的损失

地区	产后环节/%	食品链/%
欧洲	6.0	25.0
北美洲和大洋洲	4.0	27.0
工业化的亚洲	4.0	20.0
撒哈拉沙漠以南的非洲	14.0	1.0
北非、西亚和中亚	14.0	12.0
南亚和东南亚	13.0	3.0
拉丁美洲	10.0	10.0

注：表中数据根据文献 Gustavsson et al., 2011 整理获得。

通过筛选主要粮食作物供应链主要指标，分析了三种粮食作物每个指标变动对食物损失足迹影响的敏感程度。不同指标之间对作物损失足迹影响的敏感差异较大，但是总体来看产后环节主要指标（如机械收获率、机械收获损失、储藏损失以及储藏比重等）对损失足迹整体影响的百分比要高于食品链和饲料链等其他链条。这主要是因为产后环节位于食物流动的上游，是最先接触到生产的环节，这里作物生产比较集中，而且所有作物都必须经过产后环节才能进入下游的食品链、饲料链等其他环节，因此在产后环节中作物存量基数比较大，产后环节损失率轻微的变动就会引起较大的损失，导致损失足迹较大。这里特别要提的是玉米的机械收获率问题，机械收获率增加1.0%，对玉米的影响反而为正值（0.003%），是因为玉米机械收获损失率要高于人工收获损失率，机械收获率的增加相当于进一步增加了玉米收获损失，导致最终损失足迹增加。

以 2010 年为基准年，分析了我国主要粮食作物供应链减损潜力。不同情景设置下小麦、水稻和玉米在供应链中的不同环节减损潜力差异较大，其中产后环节减损潜力最大，其次是食品链，减损潜力最小的为饲料链。除了产后环节距离作物生产最近的原因之外，还主要是因为产后环节较其他环节的损失率比较高，已有结果可知产后环节损失率占到总损失率的 58.1%，也就是说超过一半的粮食作物损失发生在产后环节，最终导致产后环节对损失足迹影响的相对较大，说明我国主要粮食作物产后环节存在较大的减损空间。已有数据可知，产后情景（情景 1~情景 4，情景 9）减损潜力相对都比较大，综合情景下（情景 9）三种粮食作物减损潜力总计达到 1 624.0 万吨，产后损失足迹较 2010 年基准年减少 37.6%。

本研究中饲料链的边界到饲料在工厂生产、加工和储藏后为止，并没有进一步延伸至饲料喂养动物的阶段，但是此阶段也是饲料损失比较严重的环节。据澳大利亚的研究报道，通常的生长肥育猪场所用的全部饲料中有 10%~15% 完全没有被猪吃下，而是由饲槽中或猪的嘴中漏到地面上，或是由粪便中排出。虽然有些猪场记录的饲料浪费率很低，仅为 4%，但实际上猪场中猪嘴旁漏掉的饲料损耗率可高达饲料总供应量的 30%，这部分损失往往是无法计入饲料损耗的。虫蛀、鼠害造成的饲料损失也不可忽视。据有关资料显示，一个万头猪场，若晚上经常看到老鼠，表明可能存在 1 000 只老鼠。1 只老鼠 1 年可消耗饲料 11.4 千克，1 000 只老鼠 1 年则会引起 11.4 吨的饲料浪费，这个损失也是令人震惊的。

与 Gustavsson 等的研究不同，本研究中并未考虑进出口的那部分粮食作物，只是重点围绕国内主要粮食生产的流动足迹和损失足迹开展分析。由于我国是主要的粮食进口国家，因此这种分析很可能导致我们最终的分析结果被低估。尽管如此，本研究重点主要是介绍食物流动足迹模型，主要是分析减损潜力在哪里，应该采取的措施有哪些，因此过多关注 2010 年我国主要粮食作物的实际供需情况。

五、结论与展望

基于物质流动和资源流动的分析方法，重点围绕中国小麦、水稻和玉米等主要粮食作物，以食物在供应链中的流动足迹为主线，建立了一套食物流动足迹的核算方法，重点分析了中国主要粮食作物流动足迹特征以及损失足迹特征，通过设置不同情景分析了中国主要粮食作物在供应链中的减损潜力。主要结论如下。

一是重点分析了食品足迹、饲料足迹、工业产品足迹、种子足迹以及损失足迹等5种足迹类型。总体来看，食品链足迹和饲料链足迹所占比重较高，二者之和所占足迹占到总足迹（三种粮食作物均值）的77.6%~80.3%。其次是总损失足迹，三种谷物损失数量分别为1 390.7万吨、3 430.1万吨和2 626.3万吨，谷物平均损失率为15.3%，工业产品链和种子链中足迹占比最小。可见，未来加强食物足迹的减损工作仍是保障我国粮食安全的重点工作之一。

二是从粮食作物各种损失足迹所占比重来看。食物损失足迹主要分布在作物产后环节和食品链环节，小麦、水稻和玉米三种作物产后损失率6.8%、8.9%、10.2%，分别占到总损失率的56.1%、50.8%、68.6%，2010年三种作物损失数量总计达到4 324.6万吨，占到总损失的58.1%。可见产后环节作物损失问题需要引起足够重视。食品链环节损失率分别3.8%、8.0%、0.6%，分别占到总损失率的31.6%、45.9%、4.1%，2010年损失数量总计达到2 119.8万吨，占到总损失的28.5%，食物消费也成为食物损失的主要途径之一。其他链条损失足迹较小。

三是通过筛选主要粮食作物供应链主要指标，分析了三种粮食作物每个指标变动对食物损失足迹影响的敏感程度。不同指标对作物损失足迹的影响差异较大，但是总体来看产后环节对损失足迹的整体影响百分比要高于食品链和饲料链。未来设计供应链食物减损策略时应该重点考虑产后损失环节，包括损失率较高的损失率指标，如机械收获损失率、农户储藏损失率等；包括食物分配指标，如增加粮库储粮比重，增加农户科学储粮比重，减少农户储粮比重等。还需要考虑食品链中损失率较高的环节，包括餐饮业餐桌消费环节以及食物损失循环利用环节等。

四是分析了中国主要粮食作物供应链减损潜力。不同情景下小麦、水稻和玉米在供应链中的不同环节减损潜力差异较大，其中产后环节减损潜力最大，其次是食品链，减损潜力最小的为饲料链。最优情景下（情景12），三种作物损失足迹较2010年基准年减少38.1%。产后情景综合情景下（情景9）三种作物产后损失足迹较2010年基准年减少37.6%；食品链情景综合情景下（情景 10），三种作物损失足迹较 2010 年基准年减少 35.9%；饲料链减损潜力最小，综合情景下（情景 11），损失足迹较 2010 年基准年减少 30.8%。可见未来产后环节是开展粮食减损工作的重点内容。

展望未来，随着中国城镇化进程快速向前推进，人口数量不断增加，城镇化家庭呈现小型化趋势（一般为两口或者三口之家居多），城镇居民食物消费结构朝着动物食品为主的方向发展。这种人口分布在空间的演变格局以及在食物消费结构上的转变特征势必将驱动中国越来越多的食物资源流向经济较为发达的城市地区，尤其是附加值高、资源环境代价较大、加工程度较高的食品。如果不加以遏制，这种变化很可能导致中国未来食物损失和浪费的"重心"集中在城镇地区，其严重性很有可能朝着欧美等发达国家食物浪费的趋势发展，将对我国未来的粮食安全构成潜在威胁。此外，除了食物本身的浪费，更重要的是其造成了生产、加工、运输以及消费这些食物时所投入的各种资源、能源的无效消耗，以及温室气体等环境问题的额外滋生，为我国粮食生产增加了不必要的资源环境负担。

第五章　中国供应链主要粮食作物减损的政策建议

减少食物损失和浪费已经成为保障食物安全的另一条行之有效的途径。但是从目前来看，减少食物损失和浪费的亟待加强。

首先，亟待解决的问题就是在全球尺度建立统一的评价食物损失和浪费的标准，形成一套完整的减少食物损失和浪费的理论方法体系，从而使不同的研究结果在不同区域之间可以进行比较；其次，针对发展中国家以及经济转型国家的研究数据仍相对缺乏和不足，尤其是针对产后环节的损失研究，主要集中在20世纪70年代和80年代，因此有必要进一步加强以上国家和地区的案例研究；最后，加强消费环节的实证研究，特别是针对居民家庭、餐馆、食堂等领域，尤其是需要加强消费行为研究，为政策制定者提供有效的干预手段，进而有效的减少食物浪费。

到2025年全球将近有60亿人居住在城市中。到21世纪中叶，全球人口数量将增至90亿，而且所增加的绝大部分人口都会被城市所吸收，尤其是在欠发达的国家和地区。未来人口分布变化将会进一步增加食物供应链的长度和复杂性，驱动食物消费在数量和结构上的不断变化，从而进一步增加食物在整个食物链条中损失和浪费的风险，如果不采取任何行之有效的措施来减少食物损失和浪费，食物浪费将对未来全球的食物安全造成潜在的威胁。依据本研究的主要结果和结论，围绕技术、政策以及管理等方面提出以下6方面的政策建议。

一、提高农户科学储粮意识，有效减少农户储粮损失，保障国家粮食安全

农户粮食储备是国家粮食储备体系中的重要组成部分，农户储粮安全

直接关系到我国的粮食安全。目前我国农村有超过2亿农户存粮,每年粮食产量的50%为农户储存。据国家粮食局抽样调查,2009年以前全国农户储粮损失率平均为8%左右。造成损失的主要原因:因鼠害的损失约占总损失量的49%,因霉变的损失约占总损失量的30%,因虫害的损失约占总损失量的21%,这也是粮食储藏在产后环节损失严重的主要原因。由于科学储粮意识淡薄,导致农户储粮条件差,科学储粮技术推广不够,造成粮食品质下降严重,对我国粮食质量安全和食品安全带来很大隐患。玉米作为饲料粮作物,与水稻和小麦相比,被重视程度不够,这也是其储藏损失较为严重的原因之一。

科学储粮技术(装具)能大幅度降低农户储粮损失。提高农户科学储粮意识是推进农户科学储粮技术(装具)采用水平,转变农户储粮观念,改善农户储粮条件,有效促进农户减损的关键。长期以来我国农户采用穴储、袋储、缸储甚至是露天堆放形式来储藏粮食,科学储粮意识淡薄,虫害造成的年均损失率高达8.3%,最高值可达20%。随着国家"粮食丰产科技工程"(产后)和"农户科学储粮专项"的实施,农户科学储粮意识有所提高,如湖南示范基地科学储粮仓使用率高达84.0%,农户平均储粮损失率降低至4.13%,但是部分农户仍然存在重生产轻储藏、储粮设施简陋等问题。虽然农户科学储粮技术效果明显,大多数农户具有技术采用意愿,但普及率仍然较低。未来建议扩大试点范围,开发不同技术满足各类农户需求,并探索适当的补贴机制、构建技术服务体系等综合途径来提高农户科学储粮意识。

二、提高作物机械化作业收获质量,减少作物收获损失

研究显示机械收获可以显著降低作物损失率。本研究中的结果可以看出,与分段收获比较,机械化水平的提高可以大大减少作物收获损失率。除玉米外,机械收获水稻和小麦损失率较分段收获分别降低了65.9%和70.0%。但是由于作物机械化水平已经较高,并且本研究中作物机械化收获损失率(中位数)与国家标准规定的损失率已经非常接近(如,国家标准规定小麦总损失率1.2%),所以情景分析时作物收获环节减损潜力

较小。本研究中作物联合收获数据是按照机械化收获水平估算的，现实情况联合收获机械化水平要略微低于后者，因此本研究在估算2010年作物产后损失时，由于高估了联合收获机械化水平，有可能最终会低估作物产后损失率。

研究结果显示不同粮食作物机械收获损失率变异还是非常大的，据统计机械化收获损失率的影响因素高达80多项。以小麦为例，联合收获机械作业总损失一般包括：割台损失、脱粒损失、清洗损失和分离损失等，要求收割作业总损失率应控制在2%以下。但在实际作业过程中其总损失率往往偏高，有的甚至达到5%，不同程度地影响小麦亩产量和农民经济收入，也造成了不同程度的浪费。在现场技术人员的指导下，驾驶员驾龄在3年以上，作业总损失率能控制在2%以下；驾龄在2年以内的驾驶员，其作业总损失率在2%~4%；而没有参加过技术培训且驾龄在2年内的其作业总损失率甚至超过5%。此外，小麦收获时期、收获机型、收获天气等会影响作物收获损失率。

三、重视农业科技政策在减少作物产后损失中的重要作用

作物产后减损政策的有效制定和实施对减少作物产后损失具有决定性作用。我国已经为减少作物产后损失制定了一系列的相关政策，特别是在损失严重的农户储粮环节（表5-1）。为解决我国农户储粮损失率过高的问题，我国在2007年试点、2009年扩大试点和2010年正式实施农户科学储粮专项（2011—2015年）。"十一五"期间，专项实施已经配置的200万套储粮装具可存储粮食约39.8亿千克，按平均减损6.5%测算，每年减少储粮损失2.55亿千克，可为农户增收4.8亿元；"十二五"期末，800万个项目点农户中预计可将储粮损失率减少至2%以内（这与本研究的结果相一致），每年可减少储粮损失约25.5亿千克，产生的经济效益可达20亿元（粮食价格按照0.43元/千克计算）。但是即使如此，科学储粮农户也只占全国农户总量的5%左右，我国农户科学储粮工程仍面临长期而艰巨的任务[5]，而本研究中估算科学储粮农户比例占到10%，主要是考虑到科学储粮工程会带动部分农户自发采取科学储粮措施也会占一定比重。

表 5-1 我国作物产后减损的政策列单

政策/法规/条例/文件	发布部门	时间	相关内容和规定
粮食丰产科技工程	科技部等	2007—2010	开发了适用不同地区不同粮种的16种农户储粮仓型，在11个粮食主产区建立了示范区。主要围绕储量装具区域化建立示范区
实施农村粮食产后减损安全保障工程指导意见	国家粮食局	2009.01	为500余万农户建设标准化粮仓（装具），使项目点农户减少储粮损失5%左右
农户科学储粮专项管理办法（暂行）	国家粮食局	2009.06	国家安排中央补助投资建设资金，实施农户科学储粮专项，为主产区农户改善储粮条件，减少粮食产后损失
"十二五"农户科学储粮专项建设规划	国家发展改革委等	2011—2015	为全国粮食主产区和主要产粮省的800万农户配置标准化储粮装具，使项目实施地区的农户储粮损失率降低到2%以内
粮食收储供应安全保障工程建设规划	国家发展改革委等	2015—2020	建设粮油仓储设施、打通粮食物流通道、完善应急供应体系、保障粮油质量安全、强化粮情监测预警、促进粮食节约减损
关于厉行节约反对食品浪费的意见	中共中央办公厅等	2014.03	加强粮食生产、收购、储存、运输、加工、消费等环节管理，有效减少损失浪费
关于切实加强粮食机械化收获作业质量的通知	农业部	2015.04	加强联合收割机的作业质量监督，加强技术指导和生产调度，不断促进机具质量提升，努力增加粮食烘干设备数量
谷物（小麦）联合收获机械作业质量	农业部	2006	农业标准：NY/T 995—2006，损失率：≤2.0%（全喂入式），≤3.0%（半喂入式），≤3.5%（梳脱式）
水稻联合收割机作业质量	农业部	2002	农业标准：NY/T 498—2002，损失率：≤3.5%（全喂入式），≤2.5%（半喂入式）
玉米收获机作业质量	农业部	2007	农业标准：NY/T 1335—2007，籽粒损失率≤2.0%

四、树立大食物安全观，加强供应链食物损失和浪费的立项

考虑食物安全问题不仅仅是只考虑食物的生产安全，还要综合考虑到食物在储存、运输、加工、消费以及废物利用等环节的安全问题，把食物在供应链中的流动作为一个系统，分析食物损失和浪费的成因，从而采取有效的措施来减少食物损失和浪费，从系统角度综合考虑中国的食物安全问题，通过不同部门之间的联动，建立大食物安全观，从更高的层次上来

提高我国的粮食安全的保障程度。因此从这种意义上来说，大食物系统中的这种错综复杂性会衍生出很多需要解决的科学问题，但是目前围绕我国食物系统的研究重点还是集中在生产环节，围绕保障粮食的生产安全来做工作，对食物系统中的其他环节考虑较少，如食物损失和浪费是我们长期高度关注和社会发展迫切需要解决的问题，如何正确认识食物损失和浪费并尽量减少食物损失和浪费是研究的重点。因此需要从多角度认识食物浪费产生的原因及后果，谨防减少食物浪费的努力变成更大的浪费，减少食物浪费要多管齐下，既要节约，又要推进健康饮食文化，加强科研立项，科学、全面、系统的揭示食物损失和浪费问题。

五、加强食育教育，特别是针对青少年儿童节约食物的教育

所谓"食育"，就是良好饮食习惯的培养教育，是从幼儿期起，给予食物、食品相关知识的教育，并将这种饮食教育，延伸到艺术想象力和人格培养上。"食育"最早于1896年由日本养生学家石冢左玄提出。2005年日本颁布了《食育基本法》，将其作为一项国民运动推广，通过对食物营养和食品安全的认识、对食物的感恩之心等教育，培养国民终身健康的身心。

目前，我国的食育工作尚处于起步和探索阶段，但可以借鉴其他国家的成功经验。日本、丹麦等国家已有相对完善的食育教育体系。美国、英国、印度等国家纷纷设立了"营养日""营养周"或"营养月"。食育涉及内容广泛，首先，需要政府在顶层设计上做出规定，制定相关规定进行推广，并规范营养素供给量标准。其次，学校应在"食育"方面下大力气、做大文章，通过全面设计，引导学生体会生活，养成良好的饮食习惯。第三，家长在培养孩子健康饮食习惯方面非常重要。家长需要做的是自身要懂得什么是"食育"，如何做到"食育"，通过言传身教才更有利于对孩子的培养。

六、建立健全的市场食品消费约束机制

厉行勤俭节约、反对铺张浪费，光靠"从自身做起、从现在做起"的

宣传是不够的，关键还得靠制度约束。第一，要建立健全相关法律制度，约束餐饮浪费行为，如在《消费者权益保护法》中规定减少和杜绝浪费是公民应尽的义务，并相应增加对浪费的约束与处罚；第二，与税收制度改革相配套，对奢侈消费征收高额税，鼓励合理食物消费，限制、约束过度消费；第三，严格商务、公务消费专项预算制度，严格接待标准，限制陪客人数，控制乱吃乱喝；第四，约束餐饮机构行为，令其对进餐者做正确的点餐引导，提倡食物论克、论块、论个出售。尽管商务部和国家发改委联合发布了《餐饮业经营管理办法（试行）》，规定餐饮经营者应当建立节俭消费提醒提示制度，并在醒目位置张贴节约标识，贯彻节约用餐、文明用餐标准、引导消费者餐前适量点餐，餐后主动帮助打包、对节约用餐的消费者给予表扬和奖励等，但是面对现实存在的大量剩菜剩饭的浪费现象，还须加强立法约束，对餐桌上的浪费行为采取一定的强制性措施，用立法方式规范浪费现象，并将剩菜剩饭现象纳入考核，对餐桌上的浪费进行双重制止。

参考文献

曹淑艳，谢高地，2016. 城镇居民食物消费的生态足迹及生态文明程度评价 [J]. 自然资源学报，31（07）：1073-1085.

陈智斌，袁毅，吴树会，等，2015. 不同储粮装具的储粮损失对比研究 [J]. 粮食科技与经济，06：45-46+53.

成升魁，白军飞，金钟浩，等，2017. 笔谈：食物浪费 [J]. 自然资源学报，32（04）：529-538.

成升魁，金钟浩，刘刚，等，2018. 中国城市餐饮食物浪费报告 [R]. 北京：世界自然基金会（WWF），中国科学院地理科学与资源研究所，北京.

邓树华，胡飞俊，吴树会，等，2014. 湖南农户储粮综合技术核心示范基地储粮现状调查 [J]. 粮食储藏，02：9-11+43.

高利伟，成升魁，曹晓昌，等，2015. 食物损失和浪费研究综述及展望 [J]. 自然资源学报，03：523-536.

高利伟，成升魁，许世卫，等，2017. 政策对城市餐饮业食物浪费变化特征的影响分析——以拉萨市为例 [J]. 中国食物与营养，23（03）：44-48.

高利伟，许世卫，李哲敏，等，2016. 中国主要粮食作物产后损失特征及减损潜力研究 [J]. 农业工程学报，32（23）：1-11.

胡祥发，丛林，郭永旺，等，2014. 东北地区水稻初冬晾晒期鼠害调查与为害分析 [J]. 植物保护，06：131-134+139.

李芙蓉，2015. 浅析我国粮食烘干机械市场发展前景 [J]. 农业技术与装备（02）：83-84.

李建，叶翔，2013. 酒糟综合利用多元化研究 [J]. 中国酿造，12：121-124.

李小成，李永华，张曼，等，2013. 山东、江苏省部分城市居民膳食中"非定态食物"营养比重调查［J］. 中国食物与营养，05：83-87.

山立，韩冰，邹宇峰，2016. 中国节水农业科技创新面临的挑战及制约因素［J］. 世界农业（03）：15-21.

宋洪远，张恒春，李婕，等，2015. 中国粮食产后损失问题研究——以河南省小麦为例［J］. 华中农业大学学报（社会科学版），04：1-6.

唐华俊，李哲敏，2012. 基于中国居民平衡膳食模式的人均粮食需求量研究［J］. 中国农业科学，45（11）：2315-2327.

UNDP（United Nations Development Program）. 中国人类发展报告2013. 可持续与宜居城市：迈向生态文明［M］. 中国对外翻译出版有限公司，北京：2013.

王浩，杨贵羽，杨朝晖，2013. 水土资源约束下保障粮食安全的战略思考［J］. 中国科学院院刊，28（03）：329-336+321.

王钦池，2015. 家庭规模对中国能源消费和碳排放的影响研究［J］. 资源科学，37（2）：0299-0307.

魏祖国，尹国彬，邸坤，2016. 我国粮食物流运输损失评估及减损对策［J］. 粮油仓储科技通讯（02）：55-56.

西爱琴，朱广印，吴敬学，2015. 农户科学储粮技术认知与采用意愿研究——基于山东省的实证分析［J］. 中国农业资源与区划，05：82-88.

冼超凡，欧阳志云，2016. 城乡居民食物氮足迹估算及其动态分析——以北京市为例［J］. 生态学报，36（08）：2413-2421.

许肃，黄云凤，高兵，等，2016. 城市食物磷足迹研究——以龙岩市为例［J］. 生态学报，36（22）：7279-7287.

杨铭铎，2014. 中国餐饮业理性回归的内涵界定及转型升级对策［J］. 商业时代，12：12-15.

杨琴，刘清，沈瑾，等，2012. 我国农户玉米产后损失现状及原因分析［J］. 农业工程技术（农产品加工业），04：46-49.

喻闻，许世卫，王禹，等，2016. 餐饮业食物浪费研究方法探索［J］. 农业展望，04：67-70.

曾勇军，吕伟生，石庆华，等，2014. 水稻机收减损技术研究［J］. 作

物杂志 (06): 131-134.

张丹, 成升魁, 高利伟, 等, 2016. 城市餐饮业食物浪费的生态足迹——以北京市为例 [J]. 资源科学, 01: 10-18.

张丹, 伦飞, 成升魁, 等, 2016. 城市餐饮食物浪费的磷足迹及其环境排放——以北京市为例 [J]. 自然资源学报, 05: 812-821.

周道玮, 刘华伟, 孙海霞, 等, 2013. 中国肉品供给安全及其生产保障途径 [J]. 中国科学院院刊, 28 (006): 733-739.

ABASS A B, NDUNGURU G, MAMIRO P, et al., 2013. Post-harvest food losses in a maize-based farming system of semi-arid savannah area of Tanzania [J]. Journal of Stored Products Research, 57: 49-57.

ARAGIE E, BALIE J, MORALES OPAZO C, 2018. Does reducing food losses and wastes in sub-Saharan Africa make economic sense? Waste management & research: the journal of the International Solid Wastes and Public Cleansing Association (ISWA), 36 (6): 483-494.

BERNSTAD A, CÁNOVAS A, VALLE R, 2016. Consideration of food wastage along the supply chain in lifecycle assessments: A mini-review based on the case of tomatoes. Waste Management & Research, 35 (1): 1-11.

BUZBY J C, HYMAN J, 2012. Total and per capita value of food loss in the United States [J]. Food Policy, 37 (5): 561-570.

CHEN X, CUI Z, FAN M, et al., 2014. Producing more grain with lower environmental costs [J]. Nature, 514 (7523): 486-489.

COHEN J F, SMIT L A, PARKER E, et al., 2012. Long-term impact of a chef on school lunch consumption: findings from a 2-year pilot study in Boston middle schools [J]. Journal of the Academy of Nutrition and Dietetics, 112 (6): 927-933.

DOU Z, FERGUSON J, GALLIGAN D, et al., 2016. Assessing U.S. food wastage and opportunities for reduction. Global Food Security, 8: 19-26.

EDJABOU M E, PETERSEN C, SCHEUTZ C, et al., 2016. Food waste from Danish households: Generation and composition [J]. Waste Management, 52: 256-268.

EDWARDS V, 2013. A review of the court of justice's case law in relation to waste and environmental impact assessment: 1992-2011 [J]. Journal of Environmental Law, 25 (3): 515-530.

ERIKSSON M, PERSSON OSOWSKI C, MALEFORS C, et al., 2017. Quantification of food waste in public catering services - A case study from a Swedish municipality. Waste Manag, 61: 415-422.

FAO, 2015. The state of food insecurity in the world 2015. Meeting the 2015 international hunger targets: Taking stock of uneven progress. Rome.

FAO, 2016. FAO Statistical Yearbook 2016 [R]. Food and Agriculture Organization of the United Nations (FAO). Rome.

GONG P, 2011. China needs no foreign help to feed itself [J]. Nature, 474 (7349): 7.

GUSTAVSSON J, CEDERBERG C, SONESSON U, et al., 2011. Global food losses and food waste [R]. Rome: Food and Agricultural Organization of the Unite Nations.

LEAL FILHO W, KOVALEVA M, 2015. Food Waste and Sustainable Food Waste Management in the Baltic Sea Region [M]. Cham: Springer International Publishing.

LIN J, HU Y, CUI S, et al., 2015. Carbon footprints of food production in China (1979-2009) [J]. Journal of Cleaner Production, 90: 97-103.

LIU G, LIU X, CHENG S, 2013b. Food security: Curb China's rising food wastage [J]. Nature, 498 (7453): 170.

LIU J, LUNDQVIST J, WEINBERG J, et al., 2013a. Supporting Information for Food losses and waste in China and their implication for water and land. Environmental Science & Technology, 47 (18): S0-S13.

LIU J, LUNDQVIST J, WEINBERG J, et al., 2013. Food losses and waste in China and their implication for water and land [J]. Environmental Science & Technology, 47 (18): 10137-10144.

MA L, GUO J H, VELTHOF G L, et al., 2014. Urban expansion and it impacts on nitrogen and phosphorus flows in the food chain: A case study of Beijing, China, period 1978 - 2008 [J]. Global Environmental Change, 28: 192-204.

MUELLER N D, GERBER J S, JOHNSTON M, et al., 2013. Closing yield gaps through nutrient and watermanagement [J]. Nature, 494 (7437): 254-257.

MURIANA C, 2017. A focus on the state of the art of food waste/losses issue and suggestions for future researches [J]. Waste Management, 68: 557-570.

PASUQUIN J M, PAMPOLINO M F, WITT C, et al., 2014. Closing yield gaps in maize production in Southeast Asia through site-specific nutrient management [J]. Field Crops Research, 156 (2): 219-230.

QUESTED T, INGLE R, PARRY A, 2013. Household food and drink waste in the United Kingdom 2012 [R]. WRAP, London.

SHAFIEEJOOD M, CAI X, 2016. Reducing Food Loss and Waste to Enhance Food Security and Environmental Sustainability [J]. Environmental Science & Technology, 50 (16): 8432-8443.

THYLMANN D, DRUZHININA E, DEIMLING S, 2013. The Ecological Footprint of Cassava and Maize Post-Harvest-Losses in Nigeria: A Life Cycle Assessment [R]. On behalf of German Federal Ministry for Economic Cooperation and Development (BMZ); Division Rural Development, Agriculture and Food Security. Published by Deutsche Gesellschaft für, Internationale Zusammenarbeit (GIZ) GmbH, Germany.

TIGCHELAAR M, BATTISTI D S, NAYLOR R L, et al., 2018. Future warming increases probability of globally synchronized maize production shocks [J]. Proceedings of the National Academy of Sciences of the United States of America, 115 (26): 6644-6649.

ZHANG W, CAO G, LI X, et al., 2016. Closing yield gaps in China by empowering smallholder farmers. [J]. Nature, 537 (7622): 671-674.

附件一 1980—2015年中国三大粮食作物产后环节不同处理过程分配比例

时间	作物	收获/%		运输/%		干燥/v		储藏/%		
								农户储藏		粮库
		联合	分段	袋装	散装	机械	自然	传统	科学	
1980	水稻	15.0	85.0	97.0	3.0	3.0	97.0	66.0	4.0	30.0
	小麦	35.0	65.0	97.0	3.0	3.0	97.0	81.0	4.0	15.0
	玉米	7.0	93.0	97.0	3.0	3.0	97.0	81.0	4.0	15.0
1990	水稻	24.0	76.0	95.0	5.0	5.0	95.0	60.0	5.0	35.0
	小麦	68.5	31.5	95.0	5.0	5.0	95.0	80.0	5.0	15.0
	玉米	16.9	83.1	95.0	5.0	5.0	95.0	80.0	5.0	15.0
2000	水稻	24.0	76.0	90.0	10.0	8.0	92.0	40.0	10.0	50.0
	小麦	68.5	31.5	90.0	10.0	8.0	92.0	60.0	10.0	30.0
	玉米	16.9	83.1	90.0	10.0	8.0	92.0	60.0	10.0	30.0
2010	水稻	60.0	40.0	85.0	15.0	10.0	90.0	30.0	10.0	60.0
	小麦	86.0	14.0	85.0	15.0	10.0	90.0	50.0	10.0	40.0
	玉米	27.5	72.5	85.0	15.0	10.0	90.0	50.0	10.0	40.0
2015	水稻	80.0	20.0	80.0	20.0	15.0	85.0	25.0	15.0	60.0
	小麦	89.0	11.0	80.0	20.0	15.0	85.0	45.0	15.0	40.0
	玉米	57.0	43.0	80.0	20.0	15.0	85.0	45.0	15.0	40.0

附件二 三大粮食作物收获损失相关文献

小麦收获损失文献

陈度，王书茂，康峰，等，2011. 联合收割机喂入量与收获过程损失模型 [J]. 农业工程学报，27（9）：18-21.

陈志，2001. 我国农业可持续发展与农业机械化 [J]. 农业机械学报，32（01）：1-4，15.

党启科，魏冬东，王维，等，2015. 从实际中来到实际中去——小麦联合收割机作业质量的调研及提高对策 [J]. 现代农机（03）：26-28.

高玉根，胡敦俊，汪遵元，等，1995. 小型背负式谷物摘穗联合收获机的研究 [J]. 农业机械学报，26（03）：137-141.

高玉根，汪遵元，郭超，等，1996. 4GQT—60 型小麦割前脱粒联合收割机 [J]. 山东工程学院学报，10（02）：56-58.

高玉根，汪遵元，郭超，等，1996. 滚筒纵置式小麦割前脱粒联合收割机 [J]. 粮油加工与食品机械（03）：14-15.

耿令新，李广伦，张利娟，等，2014. 梳刷式微型小麦联合收割机的设计 [J]. 中国农机化学报，35（04）：25-28，31.

郭超，汪遵元，高玉根，1996. 4GQT—60 型小麦割前脱粒联合收割机的研究 [J]. 农业机械学报，27（03）：145-148.

雷亚州，2015. 双行便携式谷物联合收割机脱粒装置的试验研究及应用 [D]. 洛阳：河南科技大学.

李耀明，陈树人，张际先，2000. 4LGT—130 型稻麦联合收割机的研究 [J]. 江苏理工大学学报（自然科学版），21（02）：10-13.

乔西铭，2007. 小型梳穗收获机收获损失的分析与试验 [J]. 农机化研究（08）：103-105.

宋洪远，张恒春，李婕，等，2015. 中国粮食产后损失问题研究——以河南省小麦为例［J］. 华中农业大学学报（社会科学版）（04）：1-6.

万家华，2004. 小型收割机的设计与试验研究［J］. 湖北农机化（02）：26-27.

王世全，吕增明，郭增辰，1992. 河北省研制的几种小型联合收割机的试验与分析［J］. 粮油加工与食品机械（01）：2-6.

吴刚，杨大成，高林，等，2015. 大喂入量自走轮式谷物联合收割机设计［J］. 农业机械（07）：87-89.

杨绍荣，2011. 4L-80A型微型联合收割机研究［D］. 南京：南京农业大学.

姚建民，1987. 小麦在割拉打过程中损失率测试［J］. 山西农业科学（06）：13-14，44.

詹玉荣，1995. 全国粮食产后损失抽样调查及分析［J］. 中国粮食经济（4）：44-47.

仉风田，1980. 散穗损失，不容忽视-麦收田间损失调查［J］. 现代化农业（04）：16.

张安战，李志汉，郭变梅，2012. 小麦联合收割机技术性能调查［J］. 农机科技推广（08）：40-44.

赵秋霞，2003. 4L3A型自走式谷物联合收割机设计研究［J］. 太原理工大学学报，34（04）：415-417.

周浩，2014. 便携式小麦联合收割机脱粒装置试验研究及应用［D］. 洛阳：河南科技大学.

水稻收获损失文献

曹宝明，姜德波，1999. 江苏省粮食产后损失的状况、原因及对策措施［J］. 南京经济学院学报（01）：21-27.

陈延威，毕哲，马向阳，等，2007. 久保田488型水稻联合收割机作业质量试验［J］. 沈阳农业大学学报，38（03）：443-445.

韩建志，范淼，黄海，2006. 浅析联合收割机收获损失的影响因素

[J]. 现代化农业 (07): 34-35.

李春元, 莫少群, 2002. 水稻联合收割机质量跟踪调查分析 [J]. 农机科技推广 (03): 34.

李耀明, 陈树人, 张际先, 2000.4LGT-130型稻麦联合收割机的研究 [J]. 江苏理工大学学报 (自然科学版), 21 (02): 10-13.

李植芬, 何勇, 1989. 粮食产后处理系统损失的测定与分析 [J]. 农业工程学报, 5 (04): 9-15.

李植芬, 夏培焜, 汪彰辉, 等, 1991. 粮食产后损失的构成分析及防止对策 [J]. 浙江农业大学学报, 17 (04): 52-58.

潘维东, 庞丽东, 赵红霞, 等, 2010.4LZ-1.2型水稻联合收割机的设计研究及工作参数分析 [J]. 安徽农业科学, 38 (26): 14784-14786.

邵斌, 张绪清, 2012. 约翰迪尔3518CTS型联合收割机水稻损失与破碎攻关试验 [J]. 农业机械 (25): 132-133.

宋淑君, 2009. 半喂入式联合收割机脱粒分离装置的试验研究与分析 [D]. 镇江: 江苏大学.

滕红英, 韩信, 王自强, 2011. 凯斯6088水稻收割机投放黑龙江垦区 [J]. 农机科技推广 (05): 63.

王桂民, 易中懿, 陈聪, 等, 2016. 收获时期对稻麦轮作水稻机收损失构成的影响 [J]. 农业工程学报, 32 (02): 36-42.

吴刚, 杨大成, 高林, 等, 2015. 大喂入量自走轮式谷物联合收割机设计 [J]. 农业机械 (07): 87-89.

吴乾深, 2006. 珠江-1.5联合收割机的改进设计与功能特点 [J]. 现代农业装备 (03): 50-52.

席玙芳, 应铁进, 1991. 浙江省粮食产后损失的分析与对策 [J]. 科技通报 (02): 97-100.

谢方平, 王修善, 任述光, 等, 2015.4LZ-0.8型小型水稻联合收割机的设计 [J]. 湖南农业大学学报 (自然科学版), 41 (04): 435-439.

杨磊, 2014. 平板脱粒式半喂入联合收割机的改进与试验研究 [D]. 南昌: 江西农业大学.

杨绍荣，2011. 4L-80A 型微型联合收割机研究 [D]．南京：南京农业大学．

余泽民，1997. 大型联合收割机收获水稻状况分析 [J]．现代化农业（10）：28-29.

詹玉荣，1995. 全国粮食产后损失抽样调查及分析 [J]．中国粮食经济（4）：44-47.

张利娟，耿令新，师清翔，等，2014. 双螺旋喂入割前脱粒微型水稻联合收割机的设计 [J]．农机化研究（10）：84-87.

张义峰，衣淑娟，2012. 纵轴流风筛式清选装置多因素试验研究 [J]．机械设计与制造（02）：30-32.

郑伟，2000. 农村产后粮食损失评估及对策研究 [J]．粮油仓储科技通讯（04）：47-51.

周益君，林宇钢，王琛，等，2004. 4L-110 型谷物联合收割机的设计研究 [J]．金华职业技术学院学报，4（01）：10-12.

玉米收获损失文献

白玉兴，司永芝，刘凯霞，2004. 农户储粮损失试验研究 [C]．中国粮油学会．中国粮油学会第三届学术年会论文选集（上册）：73-79.

邓会超，董梅，苑昕，等，2009. 玉米产后流通中减损降耗应关注的主要环节 [J]．粮食流通技术（01）：7-8, 27.

邓树华，胡飞俊，吴树会，等，2014. 湖南农户储粮综合技术核心示范基地储粮现状调查 [J]．粮食储藏（02）：9-11, 43.

丁淑芬，王玉玲，宋岩，等，2014. 农村农户储粮损失对比试验 [J]．粮食加工，39（06）：69-71.

董殿文，董梅，高树成，等，2014. 农户玉米穗储藏特性及其储藏损失的研究 [J]．中国粮油学报，29（03）：74-78, 89.

董志伟，米勤练，潘少阳，2015. 河北省农户储粮的变化 [J]．中国粮食经济（06）：46-49.

高都平，郗满义，2016. 甘肃省平凉市贮粮害虫危害现状调查及防治策略 [J]．江西农业（01）：23.

高树成，董殿文，周云，等，2008. 辽宁农户玉米产后损失现状分析与

对策建议 [J]. 粮食加工, 33 (05): 69-70.

高影, 兰盛斌, 张华昌, 等, 2001. 吉林省玉米入库后损耗的研究 [J]. 粮油仓储科技通讯 (03): 10-18.

李居平, 孙平, 2000. 山东潍坊农户的贮粮害虫防治 [J]. 植物医生, 13 (03): 6.

李香君, 张继双, 崔健, 2010. 农村农户储粮损失对比试验分析 [J]. 农业技术与装备 (02B): 66-67.

六省农户贮粮害虫防治协作组, 1991. 农户贮粮害虫的防治技术 [J]. 病虫测报 (02): 55-57.

孟祥雨, 于佳, 2012. 浅议吉林省农户储粮现状 [J]. 吉林农业 (11): 9.

任伟民, 李莉, 2009. 河南省农户储粮情况调查 [J]. 农村. 农业. 农民 (B版) (07B): 38-39.

尚志市商务粮食局, 2013. 农户科学储粮专项建设成效显著 [J]. 黑龙江粮食 (04): 42.

四川省粮食局储粮害虫调查组, 1975. 四川省贮粮虫蚀损耗调查简况 [J]. 四川粮油科技 (03): 5-7.

滕文强, 2014. 德城区粮食干燥与储存情况调研报告 [EB/OL]. 德城区农机局, 2014-09-11 [2016-04-01]. http://www.sdnj.gov.cn/jyjl/dcyj/09/1701857.shtml.

王静, 2013. 勃利县农户家庭储粮现状及改进措施 [J]. 农村实用科技信息 (04): 53.

王如明, 1999. 我县农村储粮现状与对策 [J]. 粮油仓储科技通讯 (02): 15-16, 21.

王志民, 游培良, 曹阳, 等, 1994. 河南省农户储粮现状调查 [J]. 郑州粮食学院学报, 15 (03): 87-91.

熊芳芳, 陈百会, 杨晓鑫, 等, 2014. 农户用钢制骨架小型粮仓储藏玉米效果对比研究 [J]. 粮食加工 (01): 54-56.

许长敏, 许金昭, 1996. 农户贮粮害虫的防治技术 [J]. 植物医生, 9 (03): 13-14.

张安荣, 1992. 国库稻谷储藏损失统计初探 [J]. 统计研究 (01):

25-27.

张延礼,2001. 文山州示范推广保粮磷防治农户储粮害虫成效显著[J]. 粮油仓储科技通讯(03):44-46.

赵介,2011. 南方高温高湿地区玉米控温储藏试验[J]. 粮油仓储科技通讯(06):13-15,22.

周晨曦,赵志模,1995. 重庆市近郊农户储粮现状及害虫发生情况的初步调查[J]. 粮油仓储科技通讯(02):6-9.

周云,赵学工,王德华,等,2005. 辽宁农村储粮现状与对策[J]. 粮油食品科技,13(05):25-26.

附件三　谷物储藏损失相关文献

小麦收获损失文献

白玉兴，司永芝，刘凯霞，2004. 农户储粮损失试验研究 [C]. 中国粮油学会. 中国粮油学会第三届学术年会论文选集（上册）：73-79.

白玉兴，王金水，1999. 河南省粮油产后损失调查及减少损失的对策 [J]. 粮食储藏（02）：47-50.

蔡静平，白旭光，黄淑霞，等，2001. 减少农户储粮损失技术的研究 [J]. 粮食储藏，30（05）：32-36.

董志伟，米勤练，潘少阳，2015. 河北省农户储粮的变化 [J]. 中国粮食经济（06）：46-49.

高都平，郗满义，2016. 甘肃省平凉市贮粮害虫危害现状调查及防治策略 [J]. 江西农业（01）：23.

葛永德，2013. 高原地区农村储粮现状及对策 [J]. 现代农业科技（13）：304-305.

李居平，孙平，2000. 山东潍坊农户的贮粮害虫防治 [J]. 植物医生，13（03）：6.

刘述英，1994. 我省农户贮粮害虫的发生和防治 [J]. 四川农业科技（04）：20.

六省农户贮粮害虫防治协作组，1991. 农户贮粮害虫的防治技术 [J]. 病虫测报（02）：55-57.

任伟民，李莉，2009. 河南省农户储粮情况调查 [J]. 农村.农业.农民（B版）（07B）：38-39.

司永芝，刘凯霞，李彪，等，2005. 农户储粮损失调查研究 [J]. 粮食储藏，34（1）：24-28.

宋洪远，张恒春，李婕，等，2015. 中国粮食产后损失问题研究-以河南省小麦为例［J］. 华中农业大学学报（社会科学版）（04）：1-6.

滕文强，2014. 德城区粮食干燥与储存情况调研报告［EB/OL］. 德城区农机局，2014-09-11 ［2016-04-01］. http：//www.sdnj.gov.cn/jyjl/dcyj/09/1701857.shtml.

王若兰，白旭光，田书普，等，2006. 华北平原农村储粮现状调查与分析［J］. 粮油仓储科技通讯（5）：49-52.

王瑜，2014. 农户储粮损耗率减至原来的1/20［N］. 青岛日报，2014-05-22：003.

王志民，游培良，曹阳，等，1994. 河南省农户储粮现状调查［J］. 郑州粮食学院学报，15（03）：87-91.

西爱琴，朱广印，吴敬学，2015. 农户科学储粮技术认知与采用意愿研究-基于山东省的实证分析［J］. 中国农业资源与区划，36（05）：82-88.

许长敏，许金昭，1996. 农户贮粮害虫的防治技术［J］. 植物医生，9（03）：13-14.

张延礼，2001. 文山州示范推广保粮磷防治农户储粮害虫成效显著［J］. 粮油仓储科技通讯（03）：44-46.

周晨曦，赵志模，1995. 重庆市近郊农户储粮现状及害虫发生情况的初步调查［J］. 粮油仓储科技通讯（02）：6-9.

水稻收获损失文献

柏光富，易银祥，章荣，1997."防虫磷"在我县农村储粮害虫防治中的应用试验［J］. 四川粮油科技（03）：33-35.

曹宝明，姜德波，1999. 江苏省粮食产后损失的状况、原因及对策措施［J］. 南京经济学院学报（01）：21-27.

陈智斌，袁毅，吴树会，等，2015. 不同储粮装具的储粮损失对比研究［J］. 粮食科技与经济，40（06）：45-46，53.

林春华，陈穗宁，陈志品，等，2008. 包装粮堆采取全储藏过程密闭的保管方式减少损耗的探讨［J］. 粮食储藏，37（05）：51-53.

涂建华，蒋凡，廖华明，等，1996. 四川省农户贮粮设施及损害研究

[J]. 西南农业大学学报, 18 (06): 111-114.

王如明, 1999. 我县农村储粮现状与对策 [J]. 粮油仓储科技通讯 (02): 15-16, 21.

许长敏, 许金昭, 1996. 农户贮粮害虫的防治技术 [J]. 植物医生, 9 (03): 13-14.

张广军, 王东伟, 李金, 等, 2016. 4YZP-3 型自走式玉米收获机设计 [J]. 农机化研究 (02): 82-86.

张浩, 王若兰, 白旭光, 等, 2010. 新型农户专用粮仓储粮品质变化研究 [J]. 粮食储藏 (03): 41-45.

郑伟, 2000. 农村产后粮食损失评估及对策研究 [J]. 粮油仓储科技通讯 (04): 47-51.

周晨曦, 赵志模, 1995. 重庆市近郊农户储粮现状及害虫发生情况的初步调查 [J]. 粮油仓储科技通讯 (02): 6-9.

玉米收获损失文献

白玉兴, 司永芝, 刘凯霞, 2004. 农户储粮损失试验研究 [C]. 中国粮油学会. 中国粮油学会第三届学术年会论文选集 (上册): 73-79.

邓会超, 董梅, 苑昕, 等, 2009. 玉米产后流通中减损降耗应关注的主要环节 [J]. 粮食流通技术 (01): 7-8, 27.

邓树华, 胡飞俊, 吴树会, 等, 2014. 湖南农户储粮综合技术核心示范基地储粮现状调查 [J]. 粮食储藏 (02): 9-11, 43.

丁淑芬, 王玉玲, 宋岩, 等, 2014. 农村农户储粮损失对比试验 [J]. 粮食加工, 39 (06): 69-71.

董殿文, 董梅, 高树成, 等, 2014. 农户玉米穗储藏特性及其储藏损失的研究 [J]. 中国粮油学报, 29 (03): 74-78, 89.

董志伟, 米勤练, 潘少阳, 2015. 河北省农户储粮的变化 [J]. 中国粮食经济 (06): 46-49.

高都平, 郗满义, 2016. 甘肃省平凉市贮粮害虫危害现状调查及防治策略 [J]. 江西农业 (01): 23.

高树成, 董殿文, 周云, 等, 2008. 辽宁农户玉米产后损失现状分析与对策建议 [J]. 粮食加工, 33 (05): 69-70.

高影，兰盛斌，张华昌，等，2001. 吉林省玉米入库后损耗的研究 [J]. 粮油仓储科技通讯（03）：10-18.

李居平，孙平，2000. 山东潍坊农户的贮粮害虫防治 [J]. 植物医生，13（03）：6.

李香君，张继双，崔健，2010. 农村农户储粮损失对比试验分析 [J]. 农业技术与装备（02B）：66-67.

六省农户贮粮害虫防治协作组，1991. 农户贮粮害虫的防治技术 [J]. 病虫测报（02）：55-57.

孟祥雨，于佳，2012. 浅议吉林省农户储粮现状 [J]. 吉林农业（11）：9.

任伟民，李莉，2009. 河南省农户储粮情况调查 [J]. 农村·农业·农民（B版）（07B）：38-39.

尚志市商务粮食局，2013. 农户科学储粮专项建设成效显著 [J]. 黑龙江粮食（04）：42.

四川省粮食局储粮害虫调查组，1975. 四川省贮粮虫蚀损耗调查简况 [J]. 四川粮油科技（03）：5-7.

滕文强，2014. 德城区粮食干燥与储存情况调研报告 [EB/OL]. 德城区农机局，2014-09-11 [2016-04-01]. http://www.sdnj.gov.cn/jyjl/dcyj/09/1701857.shtml.

王静，2013. 勃利县农户家庭储粮现状及改进措施 [J]. 农村实用科技信息（04）：53.

王如明，1999. 我县农村储粮现状与对策 [J]. 粮油仓储科技通讯（02）：15-16，21.

王志民，游培良，曹阳，等，1994. 河南省农户储粮现状调查 [J]. 郑州粮食学院学报，15（03）：87-91.

熊芳芳，陈百会，杨晓鑫，等，2014. 农户用钢制骨架小型粮仓储藏玉米效果对比研究 [J]. 粮食加工（01）：54-56.

许长敏，许金昭，1996. 农户贮粮害虫的防治技术 [J]. 植物医生，9（03）：13-14.

张安荣，1992. 国库稻谷储藏损失统计初探 [J]. 统计研究（01）：25-27.

张延礼, 2001. 文山州示范推广保粮磷防治农户储粮害虫成效显著 [J]. 粮油仓储科技通讯 (03): 44-46.

赵介, 2011. 南方高温高湿地区玉米控温储藏试验 [J]. 粮油仓储科技通讯 (06): 13-15, 22.

周晨曦, 赵志模, 1995. 重庆市近郊农户储粮现状及害虫发生情况的初步调查 [J]. 粮油仓储科技通讯 (02): 6-9.

周云, 赵学工, 王德华, 等, 2005. 辽宁农村储粮现状与对策 [J]. 粮油食品科技, 13 (05): 25-26.

附件四　农户层面储粮相关文献

小麦

白玉兴，王金水，1999. 河南省粮油产后损失调查及减少损失的对策 [J]. 粮食储藏，02：47-50.

蔡静平，白旭光，黄淑霞，等，2001. 减少农户储粮损失技术的研究 [J]. 粮食储藏，5：32-37.

国家粮食局. 2010. "十二五"农户科学储粮专项建设规划. http://www.chinagrain.gov.cn/.

河北省粮食局农户储粮课题组，董志伟，米勤练，潘少阳，2015. 河北省农户储粮的变化 [J]. 中国粮食经济，06：46-49.

胡耀华，陈康乐，刘聪，等，2013. 西北五省农户储藏小麦情况调查研究 [J]. 农机化研究，35（10）：150-153.

司永芝，刘凯霞，李彪，等，2005. 农户储粮损失调查研究 [J]. 粮食储藏，34（1）：24-28.

谈孝凤，杨再学，金星，2014. 贵州省害鼠造成农户储粮损失情况调查 [J]. 中国植保导刊，11：28-29.

王若兰，2009. 河南省粮食储藏损失现状及分析 [J]. 粮食科技与经济，34（3）：38-40.

王若兰，白旭光，田书普，等，2006. 华北平原农村储粮现状调查与分析 [J]. 粮油仓储科技通讯（5）：49-52.

王志民，游培良，贾明芳，1995. 河南农村粮食产后损失的调查 [J]. 中国减灾，4：30-31

詹玉荣，1995. 全国粮食产后损失抽样调查及分析 [J]. 中国粮食经济，4：44-47.

张建宗，赵子龙，2009. 从"三夏"机收损失看小麦收获机发展 [J].

农机市场，S1：14-15.

水稻

陈愿柱，1998. 我地区农村储粮现状调查与对策探讨［J］. 粮油仓储科技通讯，05：19-21+34.

邓树华，胡飞俊，吴树会，等，2014. 湖南农户储粮综合技术核心示范基地储粮现状调查［J］. 粮食储藏，02：9-11+43.

丁建武，兰盛斌，张华昌，2005. 减少粮食产后损失对确保我国粮食安全的重要性［J］. 粮食储藏，02：49-50.

韩建志，范淼，黄海，2006. 浅析联合收割机收获损失的影响因素［J］. 现代化农业，07：34-35.

李植芬，夏培焜，汪彰辉，等，1991. 粮食产后损失的构成分析及防止对策［J］. 浙江农业大学学报，04：52-58.

毛春霞，褚崇胜，陈林，等，2014. 毕节试验区农产品产后减损原因及对策［J］. 现代农业科技，16：311+313.

谈孝凤，杨再学，金星，2014. 贵州省害鼠造成农户储粮损失情况调查［J］. 中国植保导刊，11：28-29.

覃世民，吴树会，邓树华，等，2015. 湖南省种粮大户粮食收储现状调查［J］. 粮油仓储科技通讯，01：11-13.

熊鹤鸣，王晓清，周天智，等，2000. 荆门市国库储粮重量及质量损失调查［J］. 粮食储藏，05：24-28.

余泽民，1997. 大型联合收割机收获水稻状况分析［J］. 现代化农业，10：28-29.

詹玉荣，1995. 全国粮食产后损失抽样调查及分析［J］. 中国粮食经济，4：44-47.

张安荣，1992. 国库稻谷储藏损失统计初探［J］. 统计研究，01：25-27.

张得红，2011. 安庆市农户稻谷储藏现状调查［D］. 武汉：武汉工业学院.

张家年，2000. 重视稻谷产后技术，力争将损失降低到最低程度［J］. 中国稻米，05：7-9.

朱邦雄，覃世民，陈渠玲，等，2006. 湘赣两省农户储粮现状调查［J］. 粮食科技与经济，05：38-39.

朱钢，陆丽军，宋晓强，2009. 太仓市农户稻谷储藏损失调查 [J]. 粮食加工，05：85-86.

玉米

陈愿柱，1998. 我地区农村储粮现状调查与对策探讨 [J]. 粮油仓储科技通讯，05：19-21+34.

董殿文，董梅，高树成，等，2014. 农户玉米穗储藏特性及其储藏损失的研究 [J]. 中国粮油学报，03：74-78+89.

毛春霞，褚崇胜，陈林，等，2014. 毕节试验区农产品产后减损原因及对策 [J]. 现代农业科技，16：311+313.

司永芝，刘凯霞，李彪，等，2005. 农户储粮损失调查研究 [J]. 粮食储藏，34（1）：24-28.

孙进良，刘师多，丁慧玲，2009. 我国玉米收获机械化的应用现状与展望 [J]. 农机化研究，03：217-219.

谈孝凤，杨再学，金星，2014. 贵州省害鼠造成农户储粮损失情况调查 [J]. 中国植保导刊，11：28-29.

王志民，游培良，贾明芳，1995. 河南农村粮食产后损失的调查 [J]. 中国减灾，4：30-31

杨琴，刘清，沈瑾，等，2012. 我国农户玉米产后损失现状及原因分析 [J]. 农业工程技术（农产品加工业），04：46-49.

詹玉荣，1995. 全国粮食产后损失抽样调查及分析 [J]. 中国粮食经济，4：44-47.

张维东，韩喜国，任英，等，2012. 吉林省玉米生产现状及建议 [J]. 现代农业科技，19：50-51+53.

周云，赵学工，王德华，等，2005. 辽宁农村储粮现状与对策 [J]. 粮油食品科技，05：25-26.

附件五 大型粮库储粮相关文献

小麦

王若兰, 2009. 河南省粮食储藏损失现状及分析 [J]. 粮食科技与经济, 34 (3): 38-40.

于林平, 曹立新, 王光明, 等, 2010. 小麦储存期间的损耗分析与对策 [J]. 粮油食品科技, 06: 52-53.

詹玉荣, 1995. 全国粮食产后损失抽样调查及分析 [J]. 中国粮食经济, 4: 44-47.

张会民, 2014. 减少粮食收储过程中损失损耗的对策分析 [J]. 粮食流通技术 (5): 22-25.

张会民, 2014. 小麦收购入库杂质减量损耗研究 [J]. 粮油仓储科技通讯, 04: 17-19.

水稻

熊鹤鸣, 王晓清, 周天智, 等, 2000. 荆门市国库储粮重量及质量损失调查 [J]. 粮食储藏, 05: 24-28.

詹玉荣, 1995. 全国粮食产后损失抽样调查及分析 [J]. 中国粮食经济, 4: 44-47.

张安荣, 1992. 国库稻谷储藏损失统计初探 [J]. 统计研究, 01: 25-27.

玉米

高影, 兰盛斌, 张华昌, 等, 2001. 吉林省玉米入库后损耗的研究 [J]. 粮油仓储科技通讯, 03: 10-18.

张会民, 2014. 减少粮食收储过程中损失损耗的对策分析 [J]. 粮食流通技术 (5): 22-25.